ISBN 978-3-649-66959-3

Hafenweg 30, 48155 Münster, Germany

Textsatz & grafische Gestaltung: Stefanie Bartsch

www. Coppenrath.de

Marjolein Bastin

Kluge Frauen wissen, was wirklich zählt

Geschichten & Gedanken

COPPENRATH

Inhaltsverzeichnis

Kapitel 1

Wenn man mit Flügeln geboren wird, sollte man alles dazu tun, sie zum Fliegen zu benutzen.

Florence Nightingale

Johanna Schopenhauer

Jugendleben und Wanderbilder

Erziehungsinstitute kannte man bei uns damals unter diesem Namen noch nicht; ein Ort, wo Kinder zum Unterricht hingeschickt wurden, hieß schlechtweg eine Schule, aber die Ex-Gouvernante einer schwedischen Prinzessin schauderte vor dem plebejischen Worte ängstlich zurück. Eine Schule! *Quelle horreur! quelle platitude!* Eine *Société des jeunes dames* war es, die sie fünfmal in der Woche nachmittags bei sich empfing. Sie war die gutmütigste Seele, aber dem Unglücklichen, der sich erkühnt hätte, ihren Namen mit jenem erniedrigenden Ausdruck in Verbindung zu bringen, hätte sie weder im Leben noch im Tode verziehen.

Wahr ist's, ihr Zimmer sah gar nicht wie eine Schulstube, sondern wie das einer eleganten, vornehmen Dame aus; hübsche, zum Teil Mahagoni-Möbel, Pfeiler-Spiegel, mit marmornen Konsolen davor, Wandleuchter von Porzellan, in Gestalt großer Blumensträuße an den Wänden, Blumenvasen, Amorinen von Biskuit, welche die mit kleinen Diamanten besetzte Taschenuhr ihrer Gebieterin hielten: das alles war ungemein zierlich. Vieles mochte sie als Andenken früherer Zeiten aus Stockholm über die See mitgebracht haben; es hatte ein fremdartiges Ansehen und gefiel mir deswegen nur umso besser.

Natürlicherweise musste auch unser Betragen nach diesen Umgebungen gemodelt werden; auch nicht der kleinste Verstoß gegen konventionellen Anstand und gesellige Sitte wurde, ohne auf der Stelle gerügt zu werden, uns durchgelassen. Ungeschicktes Auftreten, ein schwerfälliger Gang, Türenwerfen, überhaupt unnötiges Geräusch, zogen lange Strafpredigten nach sich, die eine sehr harte Strafe uns dünkten, weil sie die grässlichste Langeweile uns erregten. Auch der damals beim Eintritt ins Zimmer noch übliche Knicks an der Tür durfte nicht unterlassen werden; wer ihn vergaß, musste ihn auf der Stelle nachholen, wer in der Eile ihn nachlässig hinschlenderte, musste ihn nochmals so lange einüben, bis es gelang, ihn graziöser auszuführen.

Leicht obenhin betrachtet, sieht das alles zwar ungemein lächerlich aus, wird aber weniger so erscheinen, wenn man einige sechzig Jahre sich zurückzuversetzen im Stande ist; zwar heißt es: andere Zeiten, andere Sitten, doch nur die Form ändert sich, der Grund aber bleibt. Frühe Gewöhnung an das, was Anstand und gesellschaftliche Konvenienz von uns verlangen, so dass wir uns durch sie weder gefesselt noch verlegen fühlen, weder aus linkischer Blödigkeit verstummen, noch in jene zu warme Zutraulichkeit verfallen, die anfangs als köstliche Naivität bewundert, dann als zu täppische Dreistigkeit verspottet wird, ist jetzt wie damals beim Eintritt in die frisch erblühende Rosenzeit des Frühlingslebens ein großer Gewinn. Auch in späterer Zeit kommt der ernsteren Hausfrau eine gewandte Sicherheit des Betragens im häuslichen wie im geselligen Verhältnis wohl zu Statten und hilft ihr über ihrem eignen wie über dem Leben der Ihrigen einen Hauch von Ruhe und Anmut zu verbreiten, der sich empfinden, doch nicht analysieren lässt.

Mamsell Ackermann war, wenigstens für die damalige Zeit, auf das rechte Mittel verfallen, ihren Zöglingen jene Lebensleichtigkeit, die später zu erwerben oft unendlich schwer wird, durch Gewöhnung zur zweiten Natur zu machen. Sie legte vielleicht einen zu großen Wert auf diesen Vorzug, sie wandte zu viel daran, ihn uns anzueignen; doch wenn ich die jungen eben flügge gewordenen Vögelchen so unsicher, so ängstlich, oder auch so blind verwegen dem Gewahrsam entflattern sehe, in dessen Schutz sie bis dahin sich sicher fühlten, so will es mir zuweilen bedünken, als ob man in unsern Tagen in den entgegengesetzten Fehler verfiele.

Dass diese strenge Beobachtung aller Anstandsregeln uns anfangs sehr langweilig, verdrießlich, mitunter lächerlich erschien, ist nicht zu leugnen; dennoch mochten wir nicht förmlich uns dagegen auflehnen. Von unserm stillen Missmut, von unserm störrigen Widerwillen die kleinste Notiz zu nehmen hielt aber Mamsell Ackermann nicht für nötig.

Und so blieb es, wie es gewesen. Wir gewöhnten uns mit der Zeit daran, wir blickten zuletzt mit kindischer Selbstzufriedenheit auf die neuen Ankömmlinge herab, die noch nicht gelernt hatten, wie man in guter Gesellschaft zu gehen, zu stehen, zu sitzen und zu knicksen habe, und waren stolz darauf, ihnen den ersten Unterricht darin zu erteilen.

An Zank und Streit war unter uns gar nicht zu denken; wir nannten einander *ma chère amie* und waren sanft und lieb wie die Englein im Himmel, denn wir mussten immer französisch sprechen. Kein deutsches Wort durfte über unsere Zunge gleiten, außer im Fall der höchsten Not. Wer in aller Welt aber kann in einer fremden Sprache, deren er nicht ganz mächtig ist, zanken und streiten?

Schriftlich oder mündlich aus dem Französischen ins Deutsche, oder auch umgekehrt, übersetzen, Leseübungen auswendig lernen, Hersagen des Gelernten nahm die ersten Stunden in Anspruch; bis die Reihe an sie kam, ihre Lektion herzusagen, beschäftigte jede von uns sich still vor sich mit der ihr zugeteilten Aufgabe, und dieser Wechsel unserer Arbeiten erhielt uns in stets reger Aufmerksamkeit. Aufgaben zu Hause abzuarbeiten wurden uns nie zugeteilt. Übung im Schönschreiben, und wenn noch etwas Zeit dazu übrig war, etwas Geographie brachten gegen fünf Uhr die Teestunde herbei, und wie durch einen Zauberspruch waren wir nun aus Schülerinnen in eine wirkliche *Société des jeunes dames* umgewandelt.

[…] Während der Zeit lasen die besten Leserinnen unter uns, unter Aufsicht unserer Lehrerin, das *Magasin des enfants* mit lauter, deutlicher Stimme uns vor. Möge der guten seligen Madame le Prince de Beaumont noch heute in der Ewigkeit ein absonderlich guter Tag dafür werden, dass sie auf den vortrefflichen Gedanken verfiel, ihr an sich lobenswertes, aber doch ein wenig langweilig zu werden drohendes Buch durch Einflechtung der köstlichsten Märchen zu beleben; durch sie ging eine bis dahin mir unbekannt gebliebene Welt, die weite reiche Feenwelt in blendender Glorie mir auf, so dass ich sogar Gefahr lief, meine Römer und Griechen darüber zu vergessen. Alles, alles schien mir anders und bedeutsamer als sonst, jedes alte Bettelweib erhielt von mir einen Groschen, wenn ich einen besaß, oder was ich sonst Gutes ihr zuwenden konnte; dann dachte ich in meinem fantastischen Wahn, wer kann wissen, ob in den schmutzigen Lumpen nicht vielleicht eine Fee steckt? Und wenn die nun abfallen, und sie steht da, strahlend von Schönheit, von Gold und Diamanten. Ah!

Wenn ich dann aber mir selbst wieder vernünftig zureden, mir bedeuten wollte, dass dergleichen Wunder nicht mehr geschehen, dass diese schönen Geschichten alle mir zum Vergnügen ersonnen und kein Fünkchen Wahrheit dabei wäre, wie betrübte mich das! Weinen hätte ich mögen, dass mir sogar keine Hoffnung bleiben sollte, nur einmal, nur ein einziges Mal eine Fee, wäre es auch nur von weitem, zu sehen.

[...] Wo lebt der im Wechsel der Zeiten, im Gedränge der Welt, in Freude und Leid, in Arbeit und Ehrenstellen ergraute Geschäftsmann oder Gelehrte, der die Erinnerung seiner Universitätsjahre aufgeben möchte, der nicht, wenn ein Ungefähr es ihm vor Augen führt, das im Laufe der Jahre sehr unscheinbar gewordene kleine Büchelchen wehmütig anblickte, das die Geister meist längst vergessener, verschollener, verstorbener Jugendfreunde für den Moment ihm wieder erweckt, deren Namen seinem Gedächtnisse längst entfielen?

Nur ein Solcher könnte vielleicht den ersten Stein auf mich werfen wollen, weil ich mich hinreißen ließ, über Zustände zu weitläufig mich zu verbreiten, die ernsthaften vernünftigen Leuten von einem gewissen Alter gar zu alltäglich und unbedeutend erscheinen müssen, um sie mehr als höchstens ganz beiläufig mit einigen wenigen Worten zu erwähnen. Aber es gibt keinen solchen; im höheren Alter, in welchem die Freuden der Gegenwart ohnehin immer dünner uns aufkeimen, richtet jeder an der Erinnerung seiner rosigen Frühlingszeit gern sich auf, vergisst den Schnee, der seine Scheitel deckt, und möchte um keinen Preis sie entbehren.

Mögen daher meine edlen Zeitgenossen gegen zu bitteren Tadel mich in Schutz nehmen; denn was ihnen ihre akademische Zeit war, ist mir, obgleich es fast lächerlich klingt, jene *Société des jeunes dames* gewesen. Freilich fehlten mir damals wenigstens noch zehn Jahre an dem Alter, in welchem Eltern ihre Söhne die Universität beziehen lassen, aber mein Geschlecht läuft immer dem männlichen um zehn Jahre voraus. Ob das als ein Vorzug desselben uns angerechnet werden darf, mag ich nicht entscheiden; mit fünfzehn Jahren scheint es so, mit vierzig wird man gewöhnlich anderer Meinung.

Jene *Société* wird und muss in der Erinnerung mir immer wert bleiben, weil sie einen neuen, reichhaltigen Freudequell mir eröffnete; durch sie geriet ich sowohl aus dem eng beschränkten Kreis des Familienlebens, als aus meiner zu weit ausgedehnten Ideenwelt in den fröhlichsten geselligen Verkehr mit Mädchen meines Alters und kam doch immer wieder aus unserm frischen jugendlichen Treiben zu allem, was von frühester Kindheit an mir lieb gewesen, mit unbekümmertem Genuss zurück.

Malwida von Meysenbug

Herumziehendes Leben

Ja, es war ein herumziehendes Leben, das für uns anfing und das sich durch mehrere Jahre fortsetzte – ein Leben ohne bestimmten Plan, ohne regelmäßige Studien, ohne irgendein System. Es war das ein großes Unglück für mich, denn während dieser Zeit erhielt die träumerische Richtung meiner Phantasie ein solches Übergewicht, dass ich die Folgen davon mein ganzes Leben hindurch gespürt habe. Ich bin überzeugt, dass, wenn ich in jener Zeit hätte ernste, fortgesetzte Studien machen können, meine Fähigkeiten sich mit großer Macht entwickelt hätten, anstatt sich in der Spekulation und den Kämpfen der Einbildungskraft zu verbrauchen. Mich verzehrte ein brennender Durst zu lernen und zu wissen. Wie viel Aufmerksamkeit sollte man in der Erziehung auf solch einen Durst des erwachenden Geistes wenden und wie sollte man bemüht sein, ihn in der rechten Weise zu befriedigen! Es gehört gewiss zu den größten moralischen Martern, wenn ein junges

Wesen sich mit Inbrunst zu den unbekannten Regionen des Wissens und des Ideals hinsehnt und weder Mensch noch Gott findet, um seinen Wunsch zu erhören und diesen Schrei der Sehnsucht nach dem Manna in der Wüste zu befriedigen. Das sind die Märtyrer der erwachenden Intelligenz, die Führer und Antworten verlangen, und statt dessen unter dem Druck der Mittelmäßigkeit, die sie umgibt, oder der Lasttierarbeit, die man ihnen auferlegt, ersticken.

Meine vortrefflichen Eltern konnten zu der Zeit kaum dem Mangel an Unterricht abhelfen. Ihr eigenes Leben war entwurzelt. Der Fürst, dessen Schicksale mein Vater teilte, reiste im südlichen Deutschland umher, ohne sich irgendwo länger als einige Monate niederzulassen. Wir folgten ihm, und so fehlte immer die Zeit, einen Kursus regelmäßiger Studien anzufangen. Von allen Kindern waren nur noch meine jüngste Schwester und ich bei meiner Mutter. Sie konnte sich nicht entschließen, sich von uns zu trennen und uns in eine Pension zu geben. Man beschloss, eine französische Gouvernante zu nehmen, die uns überall hin folgen könnte. Wir sprachen noch nicht gut Französisch, und dieser Mangel wurde für mich eine Quelle großer Demütigung. In Frankfurt am Main, wo wir einen Winter zubrachten, konnten meine Eltern, die viele Bekannte da hatten, sich den Besuchen und Einladungen nicht entziehen. Auch meine Schwester und ich wurden in den Kreis jugendlicher Bekanntschaften gezogen und u. a. zu einem Kinderball eingeladen in einem der reichsten Häuser der Stadt, in dem Luxus und verschwenderische Üppigkeit herrschten. Als wir aus dem Wagen stiegen, wurden wir am Fuß der Treppe von den zwei Söhnen des Hauses, Knaben unseres Alters, die mit Glacéhandschuhen und dem Hut in der Hand dort harrten, empfangen und die Treppe hinaufgeführt. Ihre Schwester, unsere junge Wirtin, war von einer bezaubernden Schönheit, sprach mehrere Sprachen in größter Vollkommenheit, tanzte mit unbeschreiblicher Grazie und besaß schon völlig die Sicherheit und die Manieren einer vollendeten Weltdame. Sie empfing uns mit der vornehmen Höflichkeit einer solchen und stellte uns sogleich mehreren ihrer jungen Freundinnen vor, die ihr, wenn auch nicht an Schönheit, doch an Eleganz der Manieren ähnlich waren. Sie schienen mir alle so überlegen, dass es mich förmlich erdrückte. Die Unterhaltung wurde fast fortwährend in französischer Sprache geführt, denn diese jungen Wesen, obgleich alle Deutsche, sprachen diese Sprache geläufiger wie ihre Muttersprache. Ich konnte nur in Monosyllaben antworten und beobachtete ein ängstliches Schweigen, da ich nicht zu gestehen wagte, dass ich noch so wenig Französisch wisse. Meine Demütigung aber erreichte den Gipfel, als der Tanz begann. Ich war ganz unbekannt mit all den modernen Tänzen, die auf einer eleganten Karte verzeichnet waren, die man mir überreicht hatte. Mich unter jene jungen Mädchen zu mischen, die mit vollendeter Tanzkunst ihre Pas ausführten, schien mir unmöglich. Ich beschloss daher rasch, gar nicht zu tanzen, unter dem Vorwand, dass der Tanz mir Kopfweh mache, und blieb den ganzen Abend traurig an meinen Platz gefesselt, die glücklichen Geschöpfe betrachtend, vor denen ich mich wie vernichtet fühlte, ich, die ich mich in meinen Träumen der heroischsten Taten, der großmütigsten Hingebung fähig fühlte. Meine Schwester, die unbefangener, weniger ehrgeizig und in diesem Fall weiser war, tanzte, brachte Verwirrung in die Kontertänze, lachte herzlich darüber, antwortete deutsch, wenn man sie französisch anredete, und belustigte sich sehr. Ich kam enttäuscht und traurig nach Haus, krank vor Verlangen nach dem, was mir plötzlich einen ungeheuren Wert zu haben schien – nach einer modischen Erziehung.

Ich begrüßte also den Plan, eine Erzieherin zu nehmen, bei der ich Französisch und überhaupt wieder regelmäßig lernen könne, mit Entzücken. Die Erzieherin kam, aber schon ihr Äußeres entsprach nicht der Idee, die ich mir von ihr gemacht hatte. Nicht nur, dass sie von einer wirklich unangenehmen Hässlichkeit war, auch ihre Manieren hatten etwas so Angelerntes, ihre Höflichkeit war so konventionell, voller Phrasen und so ohne Herz, dass es mir höchst unangenehm auffiel. Ich hatte zu viel Empfindung, um das für gute Manier zu halten. Ich bestrebte mich jedoch, ihr mit Respekt entgegenzugehen, und war glücklich, als am ersten Tag ein Stundenplan gemacht und eine regelmäßige Zeiteinteilung festgestellt wurde. Leider gehörte nur kurze Zeit dazu, um mich zu überzeugen, dass sie

nicht die Person war, die meinen Durst nach Wissen befriedigen konnte. Sie wusste nichts, außer einem gewissen Katechismus, auf jedem Felde, wo sie zu lehren unternahm. Eine Frage außerhalb dieses Katechismus fand sie ohne Antwort. Ich fühlte bald eine geheime Empörung gegen dieses armselige Lehren in mir aufsteigen und wandte mich, mit größerer Leidenschaft denn je, zum Lesen. Wir mussten durch den Lesekursus hindurch, den eine französische Gouvernante damals unwiderruflich vorschrieb: die Schriften von Mme. Cottin: Les enfants de l'Abbaye, Caroline de Lichtfield etc. Ich las das alles und lebte in einer eingebildeten Welt exaltierter Tugenden, furchtbarer Verfolgungen und Verbrechen, glorreicher Triumphe des Guten über das Böse.

Meine Mutter, der Gesellschaft ihrer erwachsenen Kinder und ihrer alten Freunde beraubt, verschloss sich mehr und mehr in sich selbst. Meine jüngere Schwester, eine sanfte, ruhige Natur, verstand meine inneren Aufregungen und Qualen nicht. Ich fand mich allein mit allen brennenden Fragen meines Innern und wurde nervös und aufgeregt, so dass es endlich meine Gesundheit angriff. Ich hatte besondere Erscheinungen der Einbildungskraft, beinahe Halluzinationen. So konnte ich z. B. lange Zeit nicht von einem Verbrechen oder Laster reden hören, ohne von einer grausamen Aufregung erfasst zu werden. Es schien mir, dass, weil so abscheuliche Möglichkeiten überhaupt in der menschlichen Natur vorkämen, sie auch sehr wohl im Grunde meines eigenen Wesens schlummern könnten. Diese eitlen Schrecken gewannen oft eine solche

Stärke, dass sie meinen Schlaf störten und mich umso grausamer quälten, als ich mit niemand davon sprechen konnte. Das rechte Lernen allein hätte sie zerstreuen können; an dem reinen Lichte der Erkenntnis hätte ich, mit dem freien Gebrauch meiner Fähigkeiten, den Frieden gefunden.

Endlich konnte ich die geistlose Mittelmäßigkeit des Unterrichts der Gouvernante nicht mehr aushalten und sprach eines Abends ernstlich davon mit meiner Mutter. Sie stimmte mir bei und versprach, sie zu verabschieden. Unglücklicherweise war die Person, die der Gegenstand dieser Unterhaltung war, im nächsten Zimmer gewesen und hatte alles gehört. Sie war sehr böse und verlangte augenblicklich ihre Entlassung. Ich war sehr froh über den Erfolg, aber ich bedauerte die Art, wie ich ihn erhalten hatte. Irgendjemandem, wer es auch war, wehe zu tun, gehörte immer zu den traurigsten Dingen meines Lebens. Nachdem die Gouvernante einen sehr kühlen Abschied von uns genommen hatte, schrieb ich ihr einen Brief, in dem ich sie bat, mir zu verzeihen.

Else Ury

Unter falscher Flagge

Doktor Schmidt kam nicht wieder. Er musste nach der Grippe, die ihn besonders stark gepackt hatte, einen längeren Erholungsurlaub antreten. Später übernahm er eine andere Redaktionsabteilung.

Lilli war in begreiflicher Aufregung, wer zum neuen Jahr ihr fester Vorgesetzter werden würde. Bisher hatten die Herren immer abwechselnd sich der verwaisten Redaktion angenommen. Ihr selbst war die größere Verantwortung durchaus von Nutzen gewesen. Sie war dadurch selbstständig und umsichtig geworden. Und hatte sie auch mal etwas falsch gemacht, Lehrgeld muss schließlich ein jeder bezahlen.

Die Weihnachtsfesttage, die man diesmal im Steffenschen wie im Gerhardschen Hause ganz besonders gemütlich, nach langer Zeit wieder vereint, begangen hatte, waren vorüber. Im ernsten Arbeitsgewand forderte das neue Jahr sein Recht.

Lilli saß an ihrem Schreibtisch. Sie las Manuskripte, ordnete Briefe und stellte die nächste Nummer der Kinderzeitung zusammen. Obenauf lag ein Schreibmaschinenmanuskript „Lumpenprinzessin“ von Steffen Liman. Die braunen Augen hafteten an dem Namen des Verfassers. Wie viel Kopfzerbrechen hatte dieser Lilli bereitet! Noch vor Weihnachten war er geboren worden, denn mit der anonymen Einsendung, das ließ sich nicht durchführen. Aber sie konnte sich ja ein Pseudonym, einen Schriftstellernamen, zulegen, wie so viele, die in die Redaktion kamen. Hinter diesem stand sie sicher und unerkannt wie auf einem Maskenball. Kein Mensch ahnte, wer sich dahinter verbarg.

„Knecht Ruprecht und das Telefon" hatte Beifall gefunden. Margot, der Lilli regelmäßig die Kinderzeitung mit heimbringen musste, war ganz begeistert von den lustigen Versen. Der Vater äußerte sich gleichfalls anerkennend.

„Von wem ist es? Steffen Liman? Kenn ich nicht. Jedenfalls trifft er den Kinderton besonders gut." Und plötzlich hatte Vater die mit hauswirtschaftlicher Arbeit beschäftigte Lilli etwas schärfer ins Auge gefasst. Sie war blutübergossen – aha, er kannte doch sein Liliputchen! Er kannte doch ihre Art zu reimen! Aber er tat ihr den Gefallen, die Maske, hinter der sie sich verbarg, nicht zu lüften.

Eine Vertraute hatte Lilli. Das war Sonja. Die Freundin ihrer Kindertage war ihr, ungeachtet der langen Trennungsjahre, gleich wieder so nahe wie eine Schwester. Trotzdem Sonja des Wohnungsamtes wegen das überflüssige Zimmer bei Steffens innehaben musste, wohnte sie in Wahrheit bei Lilli oben im Mansardenstübchen. Dort war es auch, wo die Freundin darauf gedrungen hatte, dass Lilli in das verschlossene Schubfach griff und von ihrem Manuskriptgeheimnis dieses und jenes zur Veröffentlichung hervorsuchte.

„Jetzt ist es Zeit, zu werrden fürr dirr berrühmterr Dichterr“, hatte Sonja mit felsenfester Überzeugung geäußert.

Ach, Lilli glaubte es ja so gerne! Der Löwe hatte Blut geleckt. Wenn das Weihnachtsgedicht gefallen und ihr ein ganz nettes Honorar eingetragen hatte, warum sollte es nicht mit anderen Arbeiten ebenso glatt gehen? Ohne sich zu loben, sie hatten manchmal in der Kinderbeilage etwas veröffentlicht, was weniger gut war als ihre Arbeiten. Sonja brauchte eigentlich gar nicht so sehr zuzureden. Nur bei der Bildung des Pseudonyms musste sie sich beteiligen. Steffen Ernst wollte Lilli sich zuerst nennen. Der Name Steffen musste hinein, ohne den tat sie's nicht. Vaters Vorname brachte ihr sicher Glück. Aber am Ende hielt man sie dann für einen Sohn von Otto Ernst, dem Vater von Appelschnut. Nein, das konnte unangenehme Verwechslungen geben. Auch der Name ihres Bruders ging nicht an, ebenfalls aus literarischen Gründen. Schließlich war sie in Gemeinschaft mit Sonja, die allerdings immer für russische Endungen war und allen Namen ein wicz oder ka anhängen wollte, auf den Namen Steffen Liman verfallen. Darin war sowohl von ihrem Vornamen wie von ihrem Vatersnamen etwas enthalten.

So segelte die „Lumpenprinzessin“ unter der falschen Flagge Steffen Liman zu Neujahr mit in die Redaktion.

Lilli musste lächeln, als ihr Blick das Manuskript streifte. Sie dachte jenes Tages in der Sparkasse, da ihr die „Lumpenprinzessin“ arge Unannehmlichkeiten eingetragen hatte. Wie viel glücklicher und befriedigter war sie jetzt hier! Emsig neigte sich der blonde Kopf wieder über die Arbeit, die ihr so viel Freude machte.

Sie unterbrach ihre Tätigkeit erst, als die Tür ohne vorherige Anmeldung des kleinen dienstbaren Geistes geöffnet wurde. Ein Herr, etwa um die dreißig, sehr groß, sehr blond, mit angenehmen Gesichtszügen, trat ein.

„Der Riese Goliath", dachte Lilli und erhob sich. „Ich werde ungefähr wie David neben ihm wirken." Trotz dieser Vorstellungen, die blitzschnell durch den lustigen Mädchenkopf zuckten, fragte Lilli höflich nach den Wünschen des Eintretenden.

„Ich bin der neue Feuilletonredakteur der Morgenpost. Ich hoffe, dass wir gut miteinander arbeiten werden. Doktor Rabe" – er machte der jungen Dame eine kurze Verbeugung.

„Nein, das ist ja nicht möglich – – –" entfuhr es der impulsiven Lilli, die noch immer nicht gelernt hatte, sich unter allen Umständen zu beherrschen.

„Was ist nicht möglich? Dass ich die Redaktion übernehme? Warum zweifeln Sie daran?", fragte der Herr belustigt über die sichtbare Verlegenheit der Sekretärin.

„Nein – ich – ich hielt bisher einen andern Herrn für Herrn Doktor Rabe." Auch Lilli musste plötzlich lachen, als sie an das kleine Männchen mit dem schwarzen Haarschopf und den buschigen Augenbrauen dachte und dann auf den blonden Riesen vor sich schaute. Und in diesem Lachen, das so hell und silbern durch den Raum zog, schwand das Unbehagen, das Lilli bei Nennung des Namens Rabe überkommen.

Warm berührte das junge Lachen den neuen Vorgesetzten. Trotzdem zog er die blonden Augenbrauen hoch und setzte eine ernste Amtsmiene auf. Hoffentlich kein albernes Ding, das er da zur Zusammenarbeit zuerteilt bekommen hatte.

„Wie heißen Sie, bitte?"

Lilli musste ihren Namen zweimal nennen, so undeutlich sprach sie ihn das erste Mal aus. Wenn Doktor Rabe sich desselben erinnerte!

„Schön – also Fräulein Steffen." Der Vorgesetzte machte ein völlig gleichgültiges Gesicht. „Bitte unterrichten Sie mich ein wenig über die Eingänge und was für die nächsten Tage bereits vorgesehen ist."

Fleißige Arbeit begann. Lilli brannten die Wangen vor Eifer. Sie dachte nicht mehr daran, ob es Doktor Rabe oder Doktor Schmidt war, mit dem sie Manuskript auf Manuskript durchging. Das Interesse für den Gegenstand ließ sie alles andere vergessen.

„Welcher der Herren hat die Kinderzeitung während der Krankheit des Kollegen redigiert?"

„Eigentlich keiner. Die Herren haben mir die Zusammenstellung ganz überlassen, nur vor Abdruck davon Kenntnis genommen."

„Das muss natürlich wieder anders werden. Sie mögen eine recht brauchbare Sekretärin sein, aber wie weit Ihre Urteilsfähigkeit geht, muss ich erst erproben. Die Kinderzeitung liegt mir ganz besonders am Herzen. Für die Jugend ist das Beste gerade gut genug."

„Herr Doktor Schmidt hat mir sogar Bücher zur selbstständigen Kritik überlassen." Lilli war tief gekränkt.

Dass man an ihrer Urteilsfähigkeit zweifeln konnte, war geradezu empörend. Sie hatte es ja gewusst, dieser Rabe war für sie nun mal ein Unglücksrabe.

Der blonde Goliath ließ seiner kleinen Sekretärin keine Zeit, ihrer Empörung weiter nachzuhängen. „Ich möchte Ihnen gleich etwas diktieren – soll morgen früh noch hinein."

Doktor Rabe diktierte schnell und fließend. Ganz anders als Doktor Schmidt. Der war im Zimmer auf- und abgelaufen, hatte sich umständlich geräuspert, sich den letzten Satz oft dreimal hintereinander wiederholen lassen, um ihn dann schließlich in eine ganz andere Fassung zu bringen. Zuerst hatte Lilli dabei manchmal das Gleichgewicht verloren. Aber allmählich hatte sie sich an Doktor Schmidts Stenogramm gewöhnt. Mit feinem Taktgefühl hatte sie es nachempfunden, dass es ihn störte, wenn sie ihn erwartungsvoll anblickte. Ihre Augen blieben fest auf das Papier geheftet.

Ihrem neuen Vorgesetzten schien es ganz gleich zu sein, ob die Stenotypistin ihn ansah oder nicht. Für den schien sie nichts weiter zu sein als eine Maschine, in die er hineinredete. Eine feuilletonistische Plauderei war es über das Streiken so vieler Zentralheizungen aus Kohlenmangel. Witzig und geistvoll war der Stil, greifbar klar die Bilder, die er brachte.

Lillis Finger flogen über die Tasten. Sie setzte ihren Ehrgeiz darein, nicht zurückzubleiben, den schnellen Gedankengang nicht zu hemmen. Einmal entschlüpfte ihr der Ausruf: „Au ja – fein!" Nicht einmal da hatte Doktor Rabe von der ihr nicht zustehenden Kritik

Notiz genommen. „Als ob irgend ein Hund gebellt hat", dachte Lilli ziemlich geknickt.

„Brav gehalten", sagte er schließlich am Ende anerkennend.

Merkwürdig, Lilli war über dieses Lob keineswegs erfreut. Pah, was jede Stenotypistin, die Übung hatte, konnte, das lohnte auch noch gerade hervorzuheben! Geistig wollte sie von diesem überlegenen Herrn anerkannt werden, jawohl – aber gerade geistig schien er sie ja völlig auszuschalten.

Die blonde Sekretärin saß an ihrem Schreibtisch und tat nichts. Oder vielmehr sie döste, wenn man das als eine Tätigkeit bezeichnen will. Zum ersten Mal seit Jahren kam Lilli sich wieder klein und unbedeutend vor wie früher, da sie noch das „Liliputchen" genannt wurde. Nicht nur körperlich. Trotzdem es auch nicht gerade angenehm war, sich den Hals auszurecken und zu jemandem aufsehen zu müssen. Das geistige Aufsehen war das ungleich Bedrückendere. Nun war es mit ihrer freudigen, sie beglückenden Arbeit hier vorbei, seitdem der Unglücksrabe in ihr Reich geflogen war.

Anny Wothe

Durch graue Gassen

Hochaufgerichtet ging sie jetzt unter dem klaren blauen Herbsthimmel dahin. Durch die fast kahlen Äste der Linden fiel das Sonnengold auf ihr flimmerndes Haar und umrahmte ihr Antlitz gleich einem duftigen Heiligenscheine.

Und viele Spaziergänger, die gestern in der Alberthalle die junge Sängerin gehört und gesehen, blieben überrascht stehen und blickten ihr nach und fühlten sich gehoben, ihr begegnet zu sein.

Als Aniane nach Hause kam, trat ihr die Pensionsmutter, Frau Dr. Sperling, freudig erregt entgegen. „Sehen Sie nur, Kindchen", rief sie gerührt, „die wundervollen Blumen! Ich habe eine solche Pracht noch gar nicht gesehen. Na, nun geht es schon an, ich habe es ja immerfort gesagt. Nun kommt der Ruhm und bald können Sie hier die Lorbeerkränze mit goldgestickten Schleifen aufhängen, das heißt, wenn Sie dann noch bei mir sind", schloss sie seufzend. „Die Mansarde in der alten Universitätsstraße ist wirklich keine passende Wohnung für eine große Künstlerin."

Aniane lachte und barg ihr glühendes Gesicht tief in den wundervollen Orchideen, die ihr der Prinz gesandt.

„Liebe, liebe Mutter Sperling", rief sie ganz glücklich, „die liebe, alte Mansarde hier deucht mir schöner als ein Schloss, denn hier habe ich gelernt, gekämpft, gerungen. Nein, so lange ich in Leipzig bin, bleibe ich auch bei Ihnen. Denken Sie an die schönen stillen Sommerabende, wenn Sie da oben auf dem Throne saßen und mir von alten Zeiten erzählten, wo Ihr Vater noch Zeughauptmann in der alten Pleißenburg war und Sie in dem hellen Kleidchen und schwarzen Kreuzbänderschuhen mit den Studenten in blumengeschmücktem Kahne auf der Pleiße nach Connewitz fuhren zu Spiel und Tanz. Glauben Sie denn, liebe alte Mutter Sperling, ich wollte mir das entgehen lassen? Nein, ich will es immer wieder hören, wie Sie dann abends bei Mondenschein zurückfuhren, durch all das niederhängende Gezweig, wie das Wasser glitzerte und es wie Silber von den Zweigen tropfte, und wie Ihnen dann Ihr späterer Ehegemahl in dieser zauberischen Pracht den ersten Kuss gegeben."

Die Augen der kleinen Frau mit der weißen Spitzenhaube strahlten glückselig auf.

„Nein, Fräulein Aniane, dass Sie das noch alles wissen! Ja, es war schön. Bald fünfzig Jahre sind es her, und mein Mann schläft nun auch schon einige Jahre auf dem alten Johannisfriedhof. Und wie gut Sie sind, dass Sie hier bleiben wollen, wo Sie doch jetzt eine große Sängerin sind! Der kleine Doktor hat alles heute Morgen beim Frühstück der Pension vorgelesen, was in der Zeitung steht, und die Blumen hier und die vielen Briefe, ach, sehen Sie nur, Fräulein Aniane!"

Aniane nahm eine Blumengabe nach der anderen, aber immer wieder schweifte ihr Blick zu den Orchideen, und ihr Herz klopfte wie rasend, wenn sie die begleitenden Worte las:

„Nicht nur der Künstlerin, sondern auch der schönsten Frau“. Es war etwas in ihrem Innern, was sich gegen diese Art von Huldigung aufbäumte, aber sie trank doch in berauschenden Zügen das süße Gift, das dieser Blumengruß in sich barg.

Die Geheimrätin hatte auch Blumen gesandt. Natürlich wollte sie dabei nicht fehlen. Ein großes mächtiges Dekorationsgebäude von duftlosen Chrysanthemen. Da waren auch Blumen von Offizieren, die sie gar nicht kannte, mit mehr oder minder plump ausgesprochenen Huldigungen, und – Aniane stockte – Blumen und eine Einladung zum Abendessen von einem, wie man sagte, sehr reichen Rauchwarenhändler vom Brühl, der ihr gestern flüchtig in dem geheimrätlichen Salon vorgestellt worden war.

Aniane knitterte den Brief zornig zusammen und heiße Tränen stiegen ihr in die Augen.

„Was haben Sie denn, Kindchen?“, forschte die alte Frau. „Hat man Ihnen wehgetan?“

„Da lesen Sie“, schluchzte Aniane auf. „O, es ist abscheulich, es nimmt mir alle Freude.“

Frau Doktor Sperling rückte sich die Brille etwas höher und las aufmerksam das kleine Billett. Dann huschte ein Lächeln über ihre welken Züge.

„Sie werden sich doch um einen solchen brutalen Patron nicht aufregen, liebstes Kind. Geben Sie mir nur die Blumen, ich werde sie in Ihrem Namen mit gehörigen Worten zurücksenden, dass dem Herrn Verehrer die Lust zu weiteren Attacken vergeht."

„Ach, Mama Sperling, wenn ich Sie nicht hätte! Ich glaube, es ist doch nicht so leicht, in meinem Berufe immer das richtige zu tun."

Sie seufzte und begann langsam die Briefe zu öffnen, die auf dem Tische lagen.

„Leicht ist überhaupt nichts im Leben", bemerkte die alte Frau, die Blumen hier und da im Zimmer aufstellend. „Jede Lebensstraße hat ermüdende, öde Wegstrecken, die wir durchwandern müssen. Der eine geht immer im Dunkel, die andern werden hie und da von einem Sonnenstrahl getroffen. Wer es versteht, diesen Sonnenblick festzuhalten, der ist dem Begriff des Glückes am nächsten. Und nun lassen Sie den Kopf nicht hängen, Fräulein Aniane, und bringen Sie eine schöne und frohe Laune zu Tisch mit. Unsere Pensionsgäste haben – staunen Sie – zur Feier des Tages eine Torte spendiert und der kleine Doktor hat die Tafel mit Blumen geziert. Ach, du lieber Gott, nun habe ich ja alles ausgeplaudert und es sollte doch eine Überraschung für Sie sein", schloss sie bekümmert.

Aniane schob die kleine Frau lächelnd samt dem Blumenkorbe des Rauchwarenhändlers aus der Stube. Dann vertiefte sie sich in die Lektüre ihrer Briefe. Enthusiastische Verhimmlungen, gute Ratschläge, mehr oder minder aufrichtige Glückwünsche von Kollegen und Kolleginnen und zuletzt, Aniane sprang ganz erregt auf, – zwei Angebote von Konzertagenturen für große Konzertreisen.

Das eine für Amerika legte sie achtlos beiseite, das andere aber nahm ihre ganze Aufmerksamkeit gefangen. Fünfzehn Konzerte in großen Städten Deutschlands, das war es, was sie vorerst wollte. Die Bedingungen waren verlockend. Gleich am Nachmittag wollte sie ins Konservatorium zu ihrem Lehrer gehen, der sollte ihr raten, und wenn er so dachte wie sie, dann wollte sie sofort den Vertrag schließen. Aniane streckte jubelnd die Arme empor. Nun war sie geborgen, nun brauchte sie nicht mehr mit den kargen Mitteln so ängstlich hauszuhalten. Gleich heute wollte sie mal eine Verschwenderin sein und im Stadttheater die Walküre hören.

Nun sah sie zum ersten Male wirklich eine sonnenhelle Straße goldig vor sich liegen, und was das schönste war, sie konnte in Leipzig bleiben, Leipzig, das ihr so lieb und vertraut war. Und plötzlich kam ihr der Gedanke, wie töricht es doch vielleicht gewesen, das Engagement am Leipziger Stadttheater auszuschlagen, das man ihr zurzeit geboten. Sie hatte ja erst selbst nicht an die Bühnenlaufbahn gedacht, aber immer mehr und mehr hatte während ihres Studiums der Gedanke bei ihr Platz gegriffen, und der gestrige Erfolg hatte ihn und ihre Pläne befestigt. Vorläufig aber war sie zufrieden, dass der kommende Winter ihr Gelegenheit geben würde, sich weiter zu bilden, ehe vielleicht ein Bühnenengagement zustande kam.

Frau Dr. Sperling steckte ihren kleinen Kopf zur Tür herein.

„Hier, Kindchen, sind noch mehr Blumen!“

Aniane nahm sie strahlend. Wigbert von Pflug schickte Rosen, und hier, der große Tuff süßduftender Veilchen, von wem kam der? Aniane sog begierig den zarten Duft ein, der plötzlich das ganze Gemach erfüllte. Dann ruhten ihre Augen lange auf der begleitenden Karte.

„Baron Kurt von Rammelsburg in stillem Gedenken an Tannenrode."

Wie anders klang das als die Karte des Prinzen, und Aniane beugte sich schluchzend über die blauen Blüten und wieder barg sie tief ihr Gesicht hinein. Dann aber lächelte sie. Stolz und beglückt hob sie den blonden Kopf. Sorglich stellte sie die Veilchen in eine mit Wasser gefüllte Majolikavase und es war ihr, als hätte sie jetzt erst das rechte Heimatsgefühl.

Kapitel 2

Ein Gedanke kann nicht erwachen, ohne andere zu wecken.

Marie von Ebner-Eschenbach

Carmen Sylva

Freude

Hast du dich schon einmal so von ganzer Seele, aus aller deiner Kraft und mit all deiner Dankbarkeit gefreut, liebe Seele? Hast du gefühlt, wie es in dir aufjauchzte vor Entzücken, vor Überraschung, vor unsagbarer Seligkeit?

Weißt du wirklich, was das ist: Freude?

Oder was noch viel schöner ist: Hast du in deinem Leben schon die Gelegenheit gehabt, Freude zu machen? Weißt du Seele, was das für ein Glück ist, Freude zu machen? Es ist vielleicht das einzige wirkliche, unzerstörbare Glück, das uns auf Erden geschenkt ist, und wir können nicht dankbar genug dafür sein. Wir wissen selbst nicht, welch hohe Gabe es ist, da wir oft nicht im Stande sind, den Grad der Freude zu ermessen, die wir bereitet haben. Meistens macht man mehr Freude, als man es gedacht, und tut auch weher als man es gewollt oder gefürchtet hat. Man liest so schwer das wunderbare verschlossene Sphinxbuch: eine andere Seele! Man steht davor und fragt sich, wie man hineindringen soll und ob man hineindringen darf. Am sichersten und besten dringt man mit einer großen und tiefen Freude hinein, nicht mit einem überwältigenden Geschenk, das vielleicht nicht den Wünschen des andern entspricht oder ihn sogar peinlich demütigt, weil es unverhältnismäßig ist: aber mit einer ganz kleinen liebevoll erdachten Freude, damit kann man

Wunder tun. Eine Dame hatte gehört, dass eine andere in bitterste Not geraten war, und nicht wusste wie sie ihre zahlreiche Familie ernähren sollte, obgleich sie nicht zu stolz war, die geringste Arbeit zu verrichten, von früh bis spät. Sie besuchte sie und fand sie nicht zu Hause, ließ aber ein Veilchensträußchen für sie zurück als Liebesgruß. Die Verarmte freute sich mehr über dieses Freundschaftszeichen als über ein Geschenk, das ihr nur demütigend gewesen wäre, Freude machen ist eine ganz besondere und sehr große Kunst, die nur in des Herzens feinsten Tiefen erblühen und gepflegt werden kann. Denn es ist nicht leicht, es richtig anzufangen, und es gelingt nur dann, wenn man sich ganz in die Seele des andern versetzt und sich mit ihm freut, als wäre einem das Geschenk zuteil geworden; manchmal ist ein Wort eine große Freude, manchmal ein Blick, ein Lächeln, ein Winken, ein Händedruck, der aus des Herzens Grunde gekommen ist, und oft unbewusst getröstet und erquickt hat. Man sollte immer dem Instinkt folgen, der uns treibt: denn der Instinkt zeigt uns mit unfehlbarer Sicherheit, wo die Blume wächst, die man pflücken und schenken soll, wo die wunde Stelle in des andern Herzen ist, auf die man Balsam legen kann. Freude ist der Sonnenstrahl, der eine Kammer vergolden kann, und wäre es auch nur für einen Augenblick! Der Augenblick ist doch gewesen und zählt im Leben. Und der die Freude gebracht hat, ist doppelt erfreut, denn Freude machen ist von allen Erdenglückseligkeiten die größte. Sie ist so goldrein, so klar, so erhaben über alle niedrigen Gefühle, dass sie den veredelt, der sie spenden darf, und oft vor seinen eignen Augen besser erscheinen lässt. Denn der Strahl, der aus des andern Auge in das seine fiel, war noch weit wärmer als der, den er gebracht! O Seele! Freude und wieder Freude! Das sollte deine Losung sein! Freude und immer Freude!

Lass die Blume nicht stehn, die du dem Freunde bringen wolltest, lass das Wort nicht ungesagt, das ihm Trost spenden sollte, lass die Hand nicht an deiner Seite niederhängen, deren Druck erquicken sollte. Wenn du in ein Zimmer trittst, denk nur gleich, wen du erfreuen sollst, du kommst doch nie umsonst herein, du bist hingeschickt, um irgendetwas zu tun, das sonst ungeschehen bliebe. Sieh dich um und gleich wirst du entdecken, wer es ist, der deiner bedarf, und dem du hast Gutes bringen sollen, und wäre es auch nur ein Morgengruß, da seine Nacht unruhig und bange gewesen, und er es nicht eingestehen will; oder ein Wort, damit er den Klang deiner Stimme hört, den er besonders gern hat. Oft verlangt ein Kranker nur nach dem gewissen Klang einer gewissen Stimme, die er lieb hat, auch wenn der Sinn der Worte ihn nicht erreicht, und ihm wird wohler.

Sei du so warm, dass dein Erscheinen wirkt wie ein Strahl, dass du Freude machst, nur weil du gekommen bist, liebe Seele. Das kannst du sehr wohl durch vollkommenes Selbstvergessen und Selbstentäußerung. Statt einzutreten mit dem Gedanken, dass man dir nicht wohl will, sei du wohlwollend, und du wirst siegen wie die Sonne über den Frost und Winterreif über Nebel und düstere Wolken. Vor deiner unverwüstlichen guten Laune werden dunkle Stirnen sich aufheitern, und ein Lächeln erwachen und ein freundlich Wort zu den Lippen aufsteigen, die vorher mürrisch verschlossen waren. Es gibt Menschen, welche die Gabe haben, überall gute Laune und Freude hinzutragen, wo sie auch immer erscheinen. Man kann sich darauf verlassen, dass das stets ganz altruistische Menschen sind, in die nie ein Hauch von Selbstsucht hat eindringen können, weil einfach kein Platz dafür da ist, weil sie von den andern erfüllt sind, und von dem, was diese bedürfen, dass sie nicht Zeit haben an ihr eignes Ungemach zu denken.

[…] O liebe Seele! lass dir das Freudemachen nicht entgehen! Du weißt nie, wie weit es reicht und bis wohin es getragen wird! Lass nicht ein hungrig Kind am Bäckerladen und ein armes am Spielsachenladen stehen! Mach das brennende Herzchen froh und glücklich! Du wirst dich noch in Jahren über den einzigen stummen Blick aus den beredten Kinderaugen freuen! Es geht sehr tief, und der Lohn ist weit größer als die Gabe!

Freude und noch einmal Freude sei die Losung! Sie ist himmelgeboren, und sie liegt in der Möglichkeit des Ärmsten, der sein Stück Brot teilt, des Hungernden, der noch Hungrige laben kann, und wäre es mit einer am Wege gepflückten Leere oder dem letzten Schluck aus seiner Feldflasche. Man kann immer noch etwas opfern. Zum Freudemachen ist kein Händchen zu klein, kein Beutel zu leer, kein Herz zu trauervoll.

Zum Freudemachen schließe all deine Schleusen auf, liebe Seele, und du wirst dich wundern, wie unermesslich reich du bist!

Zum Freudemachen gib dich selbst, deine Ruhe, deine Freiheit, deine heiligsten Gedanken, deine reichste Phantasie, zum Freudenmachen ist nichts zu gut, das dein ist!

Madame de Staël

Vom Enthusiasmus

Viele Menschen sind gegen den Enthusiasmus eingenommen; sie vermengen ihn mit dem Fanatismus, und dies ist ein schwerwiegender Irrtum. Der Fanatismus ist eine ausschließliche Leidenschaft, deren Gegenstand eine Meinung ist; der Enthusiasmus schließt sich an die allgemeine Harmonie an; er ist die Liebe zum Schönen, die Erhebung des Gemüts, die Freude an der Aufopferung, vereinigt in einem Gefühl, das zugleich Größe und Ruhe in sich trägt.

Die edelste Definition ist der wörtliche Sinn bei den Griechen. Enthusiasmus bedeutet: Gott in uns. Wirklich, wenn die Existenz des Menschen ausgedehnt ist, so hat sie etwas Göttliches.

Alles, was uns zur Aufopferung unseres eigenen Wohlbefindens oder unseres Lebens treibt, rührt beinahe immer vom Enthusiasmus her; denn der gerade Weg der egoistischen Vernunft muss sein, sich selbst für das Ziel aller Anstrengungen zu halten, und von dieser Welt kein anderes Gut zu schätzen als Gesundheit, Geld und Macht. Zweifellos reicht das Gewissen aus, um den allerfrostigsten Charakter auf die Bahn der Tugend zu leiten; aber der Enthusiasmus verhält sich zum Gewissen, wie die Ehre zur Pflicht. Es gibt in uns eine Fülle des Gemüts, die man dem, was schön ist, mit Freuden weiht, wenn die Forderungen des Guten erfüllt sind. Genie und Phantasie bedürfen auch einiger Sorge für ihr Glück in dieser Welt; und das Gesetz der Pflicht reicht nicht aus, um alle Wunder des Herzens und des Gedankens zu genießen.

Es lässt sich nicht leugnen, dass die Angelegenheiten der Persönlichkeit den Menschen von allen Seiten bedrängen; selbst in dem, was gemein ist, liegt ein gewisser Genuss, für den viele große Empfänglichkeit zeigen, und man findet die Spuren unedler Neigungen oft unter dem Schein der ausgezeichnetsten Manieren wieder. Die größten Talente schützen nicht immer gegen diese unedle Natur, welche ganz leise über das Dasein der Menschen gebietet und sie ihr Glück in Dingen finden lässt, die unter ihrer Würde sind. Nur der Enthusiasmus kann die Neigung zur Selbstsucht aufwiegen, und gerade an diesem Zeichen soll man die unsterblichen Geschöpfe erkennen. Spricht man mit jemand über Dinge, die einer heiligen Achtung würdig sind, so bemerkt man sofort, ob er eine edle Bewegung empfindet, ob sein Herz für erhabene Gesinnungen schlägt, ob er mit dem anderen Leben ein Bündnis geschlossen hat, oder ob er nur das bisschen Verstand besitzt, das zur Leitung des Mechanismus seines Daseins dient. Und was ist denn das menschliche Wesen, wenn man in ihm nichts weiter erkennt als eine Klugheit, die auf den eigenen Vorteil abzielt? Noch besser ist der Instinkt der Tiere; denn er ist bisweilen großmütig

und stolz. Gerade die Berechnung, die das Attribut der Vernunft zu sein scheint, macht zuletzt unfähig zur ersten aller Tugenden, zur Aufopferung.

Man beschuldigt oft den aufrichtigen Enthusiasmus dessen, was nur dem affektierten zum Vorwurf gemacht werden kann; je schöner ein Gefühl, desto verhasster wird die falsche Nachahmung. Das größte Verbrechen ist, sich die Bewunderung der Menschen ungerechterweise zu verschaffen; denn man vertrocknet in ihnen die Quelle der guten Regungen, indem man sie nötigt, darüber zu erröten, dass sie dergleichen empfunden haben. Außerdem ist nichts peinlicher als die falschen Töne, die aus dem Heiligtum des Gemüts selbst hervorzugehen scheinen. Mag sich die Eitelkeit alles das aneignen, was äußerlich ist; es wird daraus kein anderes Übel entstehen als das der Anmaßung und des Hässlichen. Wenn sie sich aber herausnimmt, die innigsten Gefühle nachzumachen: so scheint es, als verletze sie den letzten Zufluchtsort, wo man ihr zu entkommen glaubte.

Es ist indessen nicht schwer, die Aufrichtigkeit im Enthusiasmus zu erkennen. Dies ist eine so reine Melodie, dass der geringste Misston ihren ganzen Zauber zerstört; ein Wort, ein Ton, ein Blick drücken die konzentrierte Bewegung aus, die einem ganzen Leben entspricht. Menschen, die man in der Welt streng nennt, haben sehr oft etwas Exaltiertes an sich. Die Kraft, die andere unterwirft, kann nur eine kalte Berechnung sein; die Kraft hingegen, die über sich selbst triumphiert, ist immer durch ein großmütiges Gefühl inspiriert.

Wenn man auch nicht das Übermaß des Enthusiasmus zu fürchten hat, so trägt er vielleicht im Allgemeinen zur Kontemplation bei, die der Tatkraft schadet. Die Deutschen sind ein Beweis dafür. Keine Nation ist fähiger zu fühlen und zu denken; aber wenn der Augenblick eintritt, wo gehandelt werden muss, so schadet der Umfang der Begriffe der Entschiedenheit des Charakters. Enthusiasmus und Charakter unterscheiden sich stark. Wählen muss man sein Ziel aus Enthusiasmus; darauf losgehen aber aus Charakter. Der Gedanke ist nichts ohne Enthusiasmus; nichts die Handlung ohne Charakter. Für die literarischen Nationen ist der Enthusiasmus alles; der Charakter aber für die handelnden. Freie Nationen bedürfen des einen und des anderen.

Die Selbstsucht spricht unaufhörlich und mit Wohlgefallen über die Gefahren des Enthusiasmus, und diese angebliche Furcht ist ein wahres Gespött. Denn wenn die wendigen Leute dieser Welt aufrichtig sein wollten, so würden sie eingestehen, dass ihnen nichts lieber ist, als mit Personen zu tun zu haben, für die so manche Mittel ganz unmöglich sind, und die so gern auf das verzichten, was die meisten Menschen beschäftigt.

Diese Stimmung der Seele besitzt bei aller Sanftheit Stärke, und wer sie empfindet, schafft edle Standhaftigkeit. Die Stürme der Leidenschaften schweigen, die Freuden der Eigenliebe welken dahin; nur der Enthusiasmus ist unerschütterlich. Das Gemüt selbst würde unter der Last des physischen Daseins erliegen, wenn nicht etwas Stolzes und Beseeltes das vulgäre

Übergewicht der Selbstsucht schwächte. Diese moralische Würde, der nichts beikommen kann, ist in dem Geschenk des Daseins das Bewundernswerteste. Um ihretwillen ist es, selbst unter den herbsten Schmerzen, noch immer schön, gelebt zu haben, wie es schön sein würde zu sterben.

Sophie von La Roche

Die Geschichte des Fräuleins von Sternheim

Madam Leidens an Emilien

Nicht wahr, meine Emilia, es gibt Reiche, die eine Art von Mangel fühlen, welchen sie durch Häufung aller Arten von Ergötzlichkeiten zu heben suchen, und dennoch dem Übel nicht abhelfen können, weil sie von niemand unterrichtet wurden, dass unser Geist und Herz auch ihre Bedürfnisse haben, zu deren Befriedigung alles Gold von Indien und alle schönen wollüstigen Kostbarkeiten Frankreichs nichts vermögen, weil die wahren Hilfsmittel dagegen allein in der Hand eines empfindungsvollen Freundes und in einem lehrreichen und unterhaltenden Umgang zu finden sind. Wie klein ist die Anzahl glücklicher Reicher, welche diese Vorteile kennen? Wirklich bin ich im Besitze mancher angenehmen Güter des Lebens, ich fühle den vergnügenden Reiz, welcher darin liegt, ich genieße die Geschenke des Glücks mit aller Empfindung, welche das Schicksal für diese Gaben fordern kann; aber es mangelt meinem Herzen der Busen einer vertrauten Freundin, in den es das Übermaß seiner Empfindungen ausgießen könnte. Ich bin beliebt; meine hie und da mit Bescheidenheit erscheinenden Grundsätze ziehen mir Verehrung zu; das Gefühl der Schönheiten Shakespeares, Thomsons, Addisons und Popes haben meinem Geiste eine neue lebendige Nahrung in den Unterhaltungen unsers Pfarrers und eines sehr philosophisch denkenden Edelmanns in der Nachbarschaft erworben. Die älteste Tochter des Pfarrers ist sanft, gefühlvoll, und dabei mit wahrem Verstande begabt; ich liebe sie; aber mitten in einer zärtlichen Umarmung empfinde ich, wie viel mein Herz noch zu wünschen hat, um den Ersatz für meine Emilia zu erhalten. Schelten Sie mich deswegen nicht undankbar; ich weiß, dass ich Ihre Freundschaft noch besitze, und die von der liebenswürdigen Emma zugleich habe; Ihnen schreibe ich von dem Teile meiner Seele, den ich hier nicht zeigen kann, und mit Emma rede ich von dem, der in dem Zirkel meines englischen Aufenthalts sichtbar wird; aber ich kann mich nicht verhindern die Länge des Weges abzumessen, den meine armen Briefe durchlaufen müssen, bis sie zu Ihnen kommen, und zu fühlen, dass diese Entfernung der liebsten Gewohnheit meines Herzens schmerzlich fällt. Vielleicht, meine Emilia, bin ich bestimmt, die ganze Reihe moralischer Empfindnisse durchzugehen, und werde dadurch geschickt, mit schneller Genauigkeit ihre mannichfaltigen Grade und Nuancen im Bittern und Süßen zu bemerken. Ich will mich auch diesem Teile meines Geschickes gerne unterwerfen, wenn ich nur zugleich den nämlichen Grad von Fühlbarkeit für alles Weh und Wohl meines Nächsten behalte, und, so viel ich kann, seine Leiden zu vermindern suche.

Marie von Ebner-Eschenbach

Die Sünderin

„Das Schreiben, selbst an meine liebsten Menschen, ist mir eine Qual“, sagte Louise von François, und: Mir auch, mir auch! dachte die alte Baronin, als sie den vierten Brief, den sie heute geschrieben hatte, und jeden an einen ihr sehr lieben Menschen, schwer seufzend schloss.

Kein fauler Student sehnt sich ungeduldiger von der Schulbank fort, als sie sich fortsehnte vom Schreibtisch in den Garten hinaus.

Es war ein Sommermorgen von jauchzender Pracht. Ein Blick ins Freie umfasste eine Welt von Schönheit: Schauen war Glück und Atmen Genuss. Vom offenen Fenster her kam in lauen Wellen die Luft hereingestrichen über die frisch gemähten Wiesen, durch das Geäst der Fichten, das helle Laub der Tulpenbäume, den Blätterreichtum der Flügelnuss. Und von drüben grüßte die Deucia, die sich aus der Ferne ausnahm wie ein großes, von Künstlerhand gebundenes Bukett und deren einzelne Blüten in der Nähe kleinen Damen gleichsehen in weiß und rosa Ballkleidern.

Die Baronin schob ihre erledigte Korrespondenz von sich und wollte eben aufstehen, als die Kammerjungfer, Fräulein Emilie, erschien. Sie war ältlich, lang und dürr, und ihre Bewegungen hatten etwas Automatenmäßiges. An der Tür blieb sie stehen und meldete kurz und bündig: „Die Fanka ist da!“

„So, so – die Fanka. Was fällt ihr ein? Wer hat sie gerufen?“

„Kommt von selbst. Möcht die Arbeiten für das Armenhaus wieder haben.“

„Möcht sie? Ohne weiter's?“

„Ohne weiter's.“

„Weiß sie nicht, dass sich zwei andere um die Arbeit bewerben? Geschickte Schneiderinnen und brave Mädchen. Weiß sie nicht, dass ich böse auf sie bin?“

Das Fräulein schupfte die rechte Achsel in die Höhe und machte eine äußerst verächtliche Miene. „Scheint nicht. Tut nichts dergleichen.“

„Unglückliches Geschöpf! Hat schon zwei Kinder und muss noch ein drittes bekommen. Und wer ist denn dieses Mal der Vater?“

„Das ist der Marian aus dem Meierhof.“

„Der Witwer, der die vielen Kinder hat?“

„Sieben.“ Fräulein Emilie senkte die Arme und machte eine ausbreitende Bewegung, als ob sie der Gebieterin diese ganze Nachkommenschaft zu Füßen legen wollte.

Die phantasiereiche Dame hatte sogleich den Anblick in völliger Leibhaftigkeit vor Augen; er tat ihr weh, und sie murmelte schmerzlich ergriffen: „Arme Würmer!“

„Er taugt nichts, der Marian“, setzte sie nach einer Weile hinzu. „Wie seine Frau gestorben ist, hat jeder gesagt: ‚Wohl ihr!‘ Und mit dem lässt die Fanka sich ein. Es ist unglaublich, empörend ist's! Gehen Sie und sagen Sie ihr, dass ich sie nicht sehen will und in diesem Jahre keine Arbeit für sie habe.“

„Schon recht." Emilie nickte und wandte sich.

Ihre Eilfertigkeit und ihre Zustimmung zu dem grausamen Ukas missfielen der Gebieterin. „Geduld!" Sie nahm eine Banknote aus der Schreibtischlade. „Geben Sie ihr das, und sie soll gehen!"

„So viel?" In ihrer eigentümlichen Gangart, einem steifen Hüpfen, war Emilie herangekommen. „Ich werde ihr aber sagen, dass sie davon den Doktor bezahlt. Er hat sie schon klagen müssen."

„Müssen? Der wohlhabende Mann die armselige Person?"

„Der Doktor will auch leben. Wozu hätte er was gelernt?"

„Ist sie krank gewesen?"

„Sie nicht. Eins von die Buben."

„Der blonde, der schöne?"

„Weiß nicht, hab mich nicht erkundigt."

„Sagen Sie mir – wie sieht sie denn aus?"

„Recht abgerackert."

„Wie geht's dem Vater? Hat sie nichts gesagt?"

„Mein Gott, ja! Dass er alt ist und nicht mehr arbeiten kann."

„So? Und wer besorgt denn das Stück Feld, das sie wieder gepachtet hat?"

Dieses viele Fragen machte das Fräulein schon ganz nervös. „Natürlich sie! Und sie hat ja den großen Buben."

„Groß? Ein zehnjähriges Kind."

„Wer kann dafür, dass er nicht älter ist?" Das war eine recht emilianische Antwort, und die Ungeduld, der sie entsprungen, nicht mehr zu bemeistern.

Das Fräulein wandte sich mit maschinenhafter Geschwindigkeit wie ein Drehkreuz und schritt der Tür zu.

„Warten Sie!", rief die Gebieterin, ärgerlich über dieses selbstherrliche Benehmen. Sie hatte einmal wieder einen ihrer raschen Entschlüsse gefasst. Dass sie strafen werde, das war gewiss, dabei musste es bleiben; aber selbst strafen wollte sie, nicht strafen lassen durch andere, die vielleicht grausam wären. „Warten Sie, hören Sie! Sie brauchen der Fanka gar nichts zu sagen. Ich will selbst mit ihr reden, sie soll kommen."

„Selbst reden – no, das wird wieder was werden", murmelte Emilie, aber so leise, dass ihre so ziemlich schwerhörige Herrin den Wortlaut dieses Misstrauensvotums nicht vernahm. „Und was geschieht damit?", fragte sie, die Banknote an einer Ecke mit zwei Fingern von sich haltend, als ob sie etwas Ekelhaftes wäre.

„Das geben Sie ihr und schicken sie her."

Das Fräulein entfernte sich wortlos; nur ihre Miene gab kund, dass sie verletzt worden war in irgendeinem besseren Gefühl, und wenige Augenblicke darauf trat die Fanka ein.

Ein heller Freudenschein glitt über ihr Gesicht beim Anblick der Greisin, die dasaß im Lehnstuhl in der Nähe des Fensters. Leise, rasch, völlig unbefangen kam sie auf sie zu, beugte sich und küsste ihre Hand. „Ich danke untertänigst für das Geld, gnädigste Frau Baronin, und ich komme die Arbeit abholen für das Armenhaus."

Die alte Frau betrachtete sie mit großem Ernste. Verjüngt hatte ihr letzter Fehltritt sie nicht, und Vorteil hatte sie auch nicht aus ihm gezogen, denn so armselig wie jetzt war ihre Kleidung nie gewesen. Aber hübsch war sie noch immer und noch anmutig ihre schlanke Gestalt. Ein kleines weißes Kopftuch umschloss den braunen Scheitel und die Wangen, die sehr schmal geworden waren. Auch das etwas zu kurze Näschen hatte schärfere Linien bekommen, und ganz so hell wie früher leuchteten die dunklen Augen nicht mehr. Unverändert geblieben war nur der ungewöhnlich schöne Mund, dessen volle rosige Lippen so fein geschwungen waren und den ein eigentlich anziehender Ausdruck von Lebenslust und Übermut umschwebte.

„Ich komm die Arbeit abholen für das Armenhaus", wiederholte sie nach einer Weile, da die Baronin schwieg.

„So, die Arbeit. Woher wisst Ihr denn, dass Ihr sie wieder bekommt?"

Fanka lächelte freundlich: „Ich denk mir's schon, Euer Gnaden, Frau Baronin."

Die Unglückliche, die Unverbesserliche! So hatte sie keine Ahnung davon, dass sie einen Vorzug verscherzt haben konnte.

„Ihr seid im Irrtum, wenn Ihr Euch das denkt. Die Arbeit bekommt in diesem Jahr ein braves Mädchen."

Fanka war einen Augenblick betroffen. Gleich darauf lächelte sie wieder, aber etwas wehmütig, wie über einen schlechten, grausamen Scherz, den man verzeihen muss, und sprach halblaut: „Ach nein, gnädige Frau Baronin."

„Wieso, nein? Durchaus ja! Ich bin bös auf euch. Ihr seid unmoralisch. Wieder ein Kind. Schämt Ihr Euch nicht vor Eurem großen Buben?“

„Vor dem Josefek?“ Sie schlug die Hände leicht zusammen und blickte die Baronin mit gelassenem Staunen an. „Der hat ja die Brüder lieb; den kleinen schon gar. Den hat er gar lieb.“

„So? … Nun, das ist wirklich ein guter Bub, der Josefek.“

„Ob der gut ist, Euer Gnaden!“, beeilte sich Fanka eifrig zu bestätigen. „So gut und so brav. Der Herr Lehrer loben ihn, dass er so brav ist in der Schule, der Allerbeste. Und fleißig ist der! So fleißig! Der Vater sind schon sehr schwach, können nichts mehr tun; da hilft mir mein Bub, was er nur kann. Mein Glück, der Bub; an dem werde ich meine Stütze haben, wenn ich einmal alt bin und mir nichts mehr verdienen kann.“

„Das hat gute Wege; vorher werdet Ihr noch lang für ihn sorgen müssen, und wie lang noch für die andern! … Fanka, Fanka! Nein, dass Ihr Euch an den Marian weggeworfen habt, das verzeih ich Euch nicht, das ist eine Schande.“

Dieser Vorwurf traf die Sünderin hart, sie errötete bis unter die Haare und sprach langsam und leise mit schmerzhaft vorgezogenen Lippen: „Von dem hab ich geglaubt, dass er mich heiraten wird.“

„Hat er es Euch versprochen?“

„Was soll er's versprechen? Heiraten muss er ja, was möcht er denn anfangen mit den vielen Kindern?“

„Ein Versprechen hat er Euch also nicht gegeben, und Ihr habt keins verlangt, weil Ihr Euch wohl gedacht habt: Wenn er's auch gibt, halten wird er's doch nicht. Ihr habt ihn ja kennen müssen und gewusst, dass er nichts taugt."

Fanka seufzte tief auf und erwiderte mit grandioser Ergebung: „Er ist halt ein Mann, einer wie der andere; sie sind alle so, alle schlecht."

Welche Erfahrungen! sagte sich die Baronin im Stillen und setzte laut hinzu: „Das denkt Ihr, das glaubt Ihr und trotzdem … ich begreif Euch nicht … Geht, Fanka, geht! Euch ist nicht zu helfen; geht nur weiter ins Verderben, ins Elend mit Euren Kindern."

Fanka hatte diese harten Worte über sich ergehen lassen und die Sprecherin fortwährend angesehen mit einem Blick, der traurig fragte: Bist du's, die so zu mir spricht? Kann das sein? Bist du's wirklich?

Jetzt zog sie ihr fadenscheiniges Umhängetuch fester um die Schultern, lehnte den Kopf zurück und sagte, ohne die Stimme zu erheben, aber mit einem Anklang von Trotz: „Ich hab noch nie einen Menschen angesprochen um ein Stück Brot für meine Kinder."

„Gott behüt Euch davor, dass Ihr's je tun müsst", versetzte die Greisin, gegen ihren Willen ergriffen von diesen stolzen Worten.

[…] „Fanka", sprach die Baronin nach einer Pause und nicht ohne Selbstüberwindung, „mir tut's leid; aber auf die Arbeit für das Armenhaus dürft Ihr in diesem Jahr nicht rechnen. Ihr wisst, warum."

„Nicht rechnen, Euer Gnaden? Und wem möchten sie denn geben? Es macht sie ja niemand so gut wie ich. Die Frauen sind immer zufrieden, ich weiß schon so gut, wie jede es haben will, sie sind so heikel, die

Frauen … Euer Gnaden, Frau Baronin, ich bitte …“

„Bittet nicht, quält mich nicht, und geht jetzt, Fanka!“

Nicht bitten und – gehen! Sollte sie's wirklich glauben, dass sie verstoßen war? Dann aber auch ins Elend. Die Pfändung wird kommen, und die Kinder werden hungern, und die ihr mit Hohn und Spott vorhergesagt: „Betteln wirst gehen!“ werden recht behalten. O Herr Jesus Christus, lieber ins Wasser! …

Ihr Kopf brannte, ihre Knie bebten, und plötzlich, von Verzweiflung gepackt, stürzte sie mit einem lauten Aufschrei nieder: „Ich hab nie gebettelt, schicken Sie mich nicht betteln, gnädigste Frau Baronin!“

Die alte Frau war erschrocken in ihren Sessel zurückgesunken und hatte sich dann rasch erhoben: „Steht auf!“, rief sie und blickte erschüttert auf das mühselige Geschöpf nieder, das gebrochen vor ihr lag, weil ihm eine neue Möglichkeit, sich zu mühen, verweigert wurde. Zur Strafe – wofür? Wer darf strafen? Trägt ihre Schuld die Strafe nicht in sich? Hat sie ihr nicht Plage und Schande genug gebracht? Freilich, nicht nur die allein – so strafst du, Weisheit, unergründliche, einzig anbetungswürdige Macht! –, freilich auch, strömend aus demselben Quell, Glück und Läuterung durch unendliche Opferkraft und eine tapfere, beschützende Liebe. „Steht auf!“, wiederholte sie. „Was fällt Euch ein? Ich kann solche Sachen nicht leiden.“

Langsam und zögernd wurde ihr Befehl erfüllt, und nun standen sie einander gegenüber, beide im

Innersten erregt und verwirrt. Fanka wagte kein Wort mehr zu sprechen; sie hatte den Kopf gesenkt, schluchzte, und unaufhaltsam rannen Tränen über ihre Wangen.

Da legte eine Hand, deren leises Zittern sie fühlte, sich sanft auf ihre Schulter, und eine Stimme, aus der jede Spur von Strenge verschwunden war, sagte: „Geht! Jetzt aber wirklich. Ihr sollt Euch helfen können. Seid getrost und weint nicht, ich kann auch das nicht leiden."

Rosa Luxemburg

Briefe aus dem Gefängnis

Mitte November 1917

Meine geliebte Sonitschka, ich hoffe, bald Gelegenheit zu haben, Ihnen endlich wieder diesen Brief zu schicken, und greife mit Sehnsucht zur Feder. Wie lange musste ich jetzt die liebe Gewohnheit entbehren, mit Ihnen wenigstens auf dem Papier zu plaudern! Aber es ging nicht, die wenigen Briefe, die ich schreiben durfte, musste ich für Hans D. aufsparen, der ja darauf wartete. Nun ist es damit vorbei, meine zwei letzten Briefe waren schon an einen Toten geschrieben, einen habe ich schon zurückgekriegt. Unfassbar bleibt mir die Tatsache immer noch. Doch reden wir lieber nicht darüber, ich mache solche Sachen am liebsten mit mir allein ab, und wenn man mich „schonend" auf die schlimme Nachricht vorbereiten und durch eigenes Wehklagen „trösten" will, wie N. es tat, so irritiert mich das unsagbar. Dass mich meine nächsten Freunde immer noch so wenig kennen und so unterschätzen, dass sie nicht begreifen: das beste und feinste in solchen Fällen ist, mir schleunigst aber kurz und einfach die zwei Worte zu sagen: er ist tot – – – das kränkt mich, doch Schluss damit.

… Wie schade um die Monate und Jahre, die jetzt vergehen und in denen wir zusammen so viel schöne Stunden verleben könnten, trotz all dem Schrecklichen, was in der Welt vorgeht. Wissen Sie, Sonitschka, je länger das dauert und je mehr das Niederträchtige und Ungeheuerliche, das jeden Tag passiert, alle Grenzen und Maße übersteigt, um so ruhiger und fester werde ich, wie man gegenüber einem Element, einem Buran, einer Wasserflut, einer Sonnenfinsternis, nicht sittliche Maßstäbe anwenden kann, sondern sie nur als etwas Gegebenes, als Gegenstand der Forschung und Erkenntnis betrachten muss.

Dies sind offenbar die objektiv einzig möglichen Wege der Geschichte und man muss ihr folgen, ohne sich an der Hauptrichtung beirren zu lassen. Ich habe das Gefühl, dass dieser ganze moralische Schlamm, durch den wir waten, dieses große Irrenhaus, in dem wir leben, auf einmal, so von heute auf morgen wie durch einen Zauberstab ins Gegenteil umschlagen, in ungeheuer Großes und Heldenhaftes umschlagen kann, und – – wenn der Krieg noch ein paar Jahre dauern wird – – umschlagen muss... Lesen Sie mal „Les dieux ont soif“ von An. France. Ich halte das Werk für so groß hauptsächlich deshalb, weil es mit genialem Blick für das Allmenschliche zeigt: Seht, aus solchen Jammergestalten und solcher alltäglichen Kleinlichkeit werden in entsprechenden Momenten der Geschichte die riesenhaftesten Ereignisse und die monumentalsten Gesten gemacht. Man muss alles im gesellschaftlichen Geschehen wie im Privatleben nehmen: ruhig, großzügig und mit einem milden Lächeln. Ich glaube fest daran, dass sich schließlich alles nach dem Kriege oder zum Schluss des Krieges zum Richtigen wendet, aber wir müssen offenbar erst durch eine Periode der schlimmsten menschlichen Leiden waten.

Apropos, meine letzten Worte wecken in mir eine andere Vorstellung, eine Tatsache, die ich Ihnen mitteilen möchte, weil sie mir so poetisch und so rührend vorkam. Ich las neulich in einem wissenschaftlichen Werk über den Vogelzug, der ja bis jetzt ein ziemlich rätselhaftes Phänomen darstellt, dass dabei beobachtet worden ist, wie verschiedene Arten, die sich sonst als Todfeinde befehden und auffressen, friedlich nebeneinander die große Reise südwärts übers Meer machen: nach Ägypten kommen zum Winter gewaltige Scharen von Vögeln, die wie Wolken in der Höhe schwirren und den Himmel verdunkeln, und in diesen Scharen fliegen mitten unter Raubvögeln, Habichten, Adlern, Falken, Eulen, Tausende von kleinen Singvögeln, wie Lerchen, Goldhähnchen, Nachtigallen, ohne jede Angst mitten unter Raubvögeln, die ihnen sonst nachstellen. Auf der Reise scheint also stillschweigend eine trève de dieu zu herrschen, alle streben dem gemeinsamen Ziel zu, und fallen halbtot vor Erschöpfung am Nil auf die Erde, um sich nach Arten und Landsmannschaften zu sondern. Ja, noch mehr, man hat beobachtet, dass auf dieser Reise „über den großen Teich" große Vögel viele kleine auf ihrem Rücken transportieren, so hat man Scharen von Kranichen vorüberziehen sehen, auf deren Rücken winzige Zugvögelchen lustig zwitscherten! Ist das nicht reizend?

... Ich habe neulich in einer sonst geschmacklosen und kunterbunten Sammlung von Gedichten eins von Hugo v. Hoffmannsthal entdeckt. Ich mag ihn sonst gar nicht, finde ihn gesucht, raffiniert, unklar, ich verstehe ihn einfach gar nicht. Dieses Gedicht aber gefiel mir sehr und hat auf mich einen starken poetischen Eindruck gemacht. Ich lege es Ihnen anbei, vielleicht macht es Ihnen auch Vergnügen.

Ich bin jetzt tief in der Geologie. Sie wird Ihnen wohl als eine sehr trockene Wissenschaft vorkommen, das ist aber ein Irrtum. Ich lese sie mit fieberhaftem Interesse und leidenschaftlicher Befriedigung, sie erweitert kolossal den geistigen Horizont und verschafft eine so einheitliche, allumfassende Vorstellung von der Natur, wie keine Wissenschaft es vermag. Ich möchte Ihnen eine Menge davon erzählen, aber dazu müssten wir uns sprechen können, zusammen an einem Vormittag am Südender Feld schlendern oder einander in einer stillen Mondnacht ein paarmal gegenseitig nach Hause hinüber begleiten. Was lesen Sie? Wie steht's mit der Lessing-Legende? Ich will von Ihnen alles wissen! Schreiben Sie – wenn es geht – sofort auf demselben Wege, oder wenigstens auf dem offiziellen Wege, ohne diesen Brief zu erwähnen. Ich zähle auch schon im Stillen die Wochen, die ich Sie wieder hier sehen werde. Das wird doch wohl bald nach Neujahr sein, nicht wahr?

Was schreibt Karl? Wann werden Sie ihn wiedersehen? Grüßen Sie ihn tausendmal von mir. Ich umarme Sie und drücke Ihnen fest die Hand, meine liebe, liebe Sonitschka! Schreiben Sie bald und viel.

Ihre Rosa

Maria Leitner

Automat unter Automaten

Eine der größten über ganz New York verstreuten Massenabfütterungsanstalten ist das Automatenrestaurant Horn & Hardart. Hier versuchte ich, Arbeit zu erhalten.

Die Zentrale für Angestellten-Beschaffung

Warteräume. Für Männer und für Frauen. Der Warteraum für Männer erinnert an ein Schulzimmer. Die Stühle alle nach einer Richtung gestellt. Auf einer Erhöhung, wie der Herr Lehrer, sitzt der Mächtige, der den Angestelltenstab zusammenstellt. Die Männer sitzen da, lesen Zeitungen und warten anscheinend auf etwas. Man kann nicht gleich herausbekommen, worauf.

Der Mächtige hält einen Telefonhörer in der Hand und ruft zwischendurch etwas ins Zimmer hinein: „Ein Salatmann! Kein Sandwichmann hier?“ Da sich niemand meldet, ärgert er sich. „Nie kommen solche, die man brauchen kann.“

Nachdem ich vergeblich versuche, mich irgendwie bemerkbar zu machen, gehe ich in das Wartezimmer für Frauen.

Hier ähnelt es mehr dem Warteraum eines Zahnarztes, mit dem Unterschied, dass die Wartenden zahlreicher sind und dass sich die Lektüre nicht auf den Tischen, sondern an den Wänden befindet.

Goldene Sprüche an der Wand

Wohin man blickt, überall Weisheit. Man kann sich die Zeit auf die nützlichste Art und Weise vertreiben. So kann man z. B. lesen: „Eine Dummheit ist nur dann wirklich eine, wenn man sie zum zweiten Mal begeht.“ (Dieser Spruch stammt, wie mitgeteilt wird, von Lincoln.) Nicht weniger beherzenswert scheint ein anderer: „Wenn du erregt bist, zähle bis zehn und dann schweige.“

Ich konnte aber nur wenig in dieser kleinen Weisheitsschule profitieren, ja nicht einmal recht meine mitwartenden Genossinnen betrachten, denn der Allmächtige stieg von seinem Thronsessel und begab sich in unser Zimmer. Diesmal bin ich es, die er aus der Menge herauspikt. Er fragt mich nur nach meiner Adresse, dann gibt er mir einen Zettel für die Filiale in der 14. Straße.

Erst in der 14. Straße, wo ich sofort eine Nummer, diesmal bin ich nur Nummer zwölf, und eine Uniform, die mir zweimal zu groß ist, erhalte, erfahre ich, dass ich angestellt wurde.

Ein ganzer Schwarm Mädchen umgibt mich, die mein Kleid mit Hilfe von Stecknadeln zurechtmachen, eine drückt mir eine weiße Haube auf den Kopf, eine andere zupft an meiner Schürze. Dann werde ich in den Saal geschoben, und man drückt mir ein Tablett in die Hand. Ich weiß nun, dass ich ein „busgirl“ bin, d. h. ein Omnibus, der mit Geschirr vollgepackt hin- und herrollt; ganz einfach ausgedrückt, ist meine Lebensaufgabe von nun an, Geschirr abzuräumen.[…]

Die endlose Zeit

Wenn man mit einem schweren Tablett auf und ab geht, immer auf und ab, wie endlos wird dann die Zeit. Die Minuten dehnen sich, das Ende der Stunden ist nicht abzusehen. Teller, Tassen, Schüsseln abräumen, immer von Neuem abräumen. Ich nehme mir vor, nicht eher auf die Uhr zu schauen, als bis ich das Tablett zehnmal zum Abwaschen befördert habe. Ich mache meine Arbeit absichtlich langsam, bleibe manchmal träumerisch stehen. Die Füße tun verdammt weh, und erst der linke Arm. Die zehnte Runde. Sicher ist schon mindestens eine halbe Stunde vergangen. Man blickt auf die Uhr und sieht, es sind erst fünf Minuten vorbei. Das ist hoffnungslos.

Manchmal hat man eine kleine Zerstreuung. Man zerbricht Geschirr. Tassen fliegen hin vor die Füße eines ohnehin schon feindlichen Managers, oder man lässt ein ganzes mit Geschirr vollgepacktes Tablett fallen. Darüber wird nie eine Silbe verloren. Man darf nicht einmal stehenbleiben, um den Scherben nachzutrauern, ebenso wenig darf die Schuldfrage erörtert werden.

Manchmal denkt man, ich kann unmöglich weiter stehen. Ich werde einfach einen Nickel in den Automaten werfen, mir eine Tasse Kaffee holen und mich niedersetzen. Niedersetzen. Es ist gar nicht auszudenken, was dann geschehen würde. Was für vermessene Phantasien man nur hat, wenn man müde ist.

Nachts verfolgen mich die Teller und Tassen, und ich träume oft, ich räume immerfort Tische ab, ohne Unterlass.

Erst dachte ich, dass nur ich das so empfinde, aber ich hörte auch von den anderen: „Heute will der Tag überhaupt nicht vergehen.“ Wenn Schichtwechsel war, zählten sie alle schon vorher die Minuten. Und wie glücklich sie das sagten: „Nur noch zehn Minuten.“ Wenn einer einen freien Tag hatte, wunderte er sich, wie schnell dann die Zeit verfliegt und wie furchtbar langsam die Arbeitstage weiterschleichen.

Einmal begann der eine Mann, der den Boden fegt, zu sprechen: „Hier ist es nicht schön. Ich kann's kaum noch weitermachen. Jeden Tag arbeite ich zwölf Stunden, dazu kommen anderthalb Stunden Arbeitspause, eine halbe Stunde zum Umkleiden, eine Stunde Hin- und Rückfahrt. Das sind fünfzehn Stunden täglich. Nie nehme ich mir Sonntage frei. Das geht so seit anderthalb Jahren, ohne Unterbrechung. Aber wenn ich mir einen Tag freinehme, verdiene ich weniger. Und wenn man frei ist, gibt man doch nur Geld aus, und dann muss man sich auch noch das Essen kaufen. Warum ich so arbeite? Weil ich sparen will. Wie könnte ich das sonst. Und warum ich spare? Weil ich selbstständig werden will. Aber es ist nicht schön hier. Immer fegen, immer den Boden, immer den Schmutz. Etwas anderes sieht man nicht mehr von der Welt. Ich weiß nicht, ob ich noch lange so weiter kann.“ Armer Automat, armer Roboter.

Es war ein schöner Augenblick, als ich nach heftigen Kämpfen meinen restlichen Lohn geholt habe. Man fand, es sei nicht „fair“, eine Stellung von einem Tag zum andern ohne Grund aufzugeben, und man wollte auch mir gegenüber nicht „fair“ sein.

Jetzt aber war ich frei. Jedenfalls für den Augenblick. Sonst pflegte ich um diese Zeit mit dem schmutzigen Geschirr herumzuspazieren. Nun aber … Ich nahm einen Nickel und holte mir einen Kaffee und setzte mich. Und trank Kaffee und saß. So erfüllten sich Träume. Aber ich weiß nicht, ich habe es mir doch noch schöner vorgestellt.

Ingeborg Bachmann

Die Wahrheit ist dem Menschen zumutbar

Nun steckt aber in jedem Fall, auch im alltäglichsten von Liebe, der Grenzfall, den wir, bei näherem Zusehen, erblicken können und vielleicht uns bemühen sollten, zu erblicken. Denn bei allem, was wir tun, denken und fühlen, möchten wir manchmal bis zum Äußersten gehen. Der Wunsch wird in uns wach, die Grenzen zu überschreiten, die uns gesetzt sind. Nicht um mich zu widerrufen, sondern um es deutlicher zu ergänzen, möchte ich sagen: Es ist auch mir gewiss, dass wir in der Ordnung bleiben müssen, dass es den Austritt aus der Gesellschaft nicht gibt und wir uns aneinander prüfen müssen. Innerhalb der Grenzen aber haben wir den Blick gerichtet auf das Vollkommene, das Unmögliche, Unerreichbare, sei es der Liebe, der Freiheit oder jeder reinen Größe. Im Widerspiel des Unmöglichen mit dem Möglichen erweitern wir unsere Möglichkeiten. Dass wir es erzeugen, dieses Spannungsverhältnis, an dem wir wachsen, darauf, meine ich, kommt es an; dass wir uns orientieren an einem Ziel, das freilich, wenn wir uns nähern, sich noch einmal entfernt.

Kapitel 3

Wo man am meisten fühlt, weiß man am wenigsten zu sagen.

Annette von Droste-Hülshoff

Milena Jesenská

Meine Freundin

Nur solange ein Mensch ganz jung ist, besitzt er die Fähigkeit zur Freundschaft. Haben Sie das auch schon beobachtet? [...] Meine Freundin ist meine Hausbesorgerin, Frau Kohler, die jeden Morgen um sieben Uhr mit zärtlicher Miene vor meinem Bett steht, einen Besen in der Hand hält, in ihren löchrigen Hausschuhen von einem Bein aufs andere tritt und mitleidvoll wartet, bis ich das Zimmer verlasse, damit sie aufräumen kann.

Glauben Sie, ich will eine Humoreske schreiben? Durchaus nicht. Ich schreibe gerührt, und mit Tränen in den Augen. Diese Frau aus dem Volke ... hat das beste Herz der Welt, und ich empfinde für sie eine tiefe, innige Zuneigung. Wenn ich an sie denke, werde ich immer sentimental. Verzeihen Sie, bitte, sollte ich mich ungewöhnlich rührselig ausdrücken. Der Gedanke an ihr rundes Mondgesicht, in dessen geometrischer Mitte als kleiner Punkt das Näschen sitzt, und darunter der breite Mund mit spärlichen Zähnen, ein Gesicht, das ständig aus merkwürdiger Befangenheit schwitzt, stimmt mich immer weichherzig. Es dauerte lange, bis ich erkannte, welches Mienenspiel Freude und welches Schmerz und Zorn ausdrückt, aber mit der Zeit prägte ich mir die untrüglichen Kennzeichen ihrer Stimmungen ein; freut sie sich, stülpt sie ihre kräftige Oberlippe drohend vor, und ist sie traurig, werden ihre Äuglein violett, als wollte sie weinen, und die Nase bläht sich zu ungeahnten Ausmaßen auf. Wenn sie etwas will, läuft sie geschäftig um mich herum, wischt dreimal hintereinander mein Tintenfass ab und erinnert sich von selber daran, dass sie Mehl holen muss, und sie heizt ein, ohne die Fenster sperrangelweit offenstehn zu lassen, was selten vorkommt [...] Das Angenehme an ihr ist die Regelmäßigkeit ihrer Verrichtungen. Ich kann mich mit Bestimmtheit, pünktlich auf die Minute, darauf verlassen, dass sie alles um eine Stunde später macht als angeordnet. Das ist wirklich eine gute Eigenschaft, wenn sie zu einem unverrückbaren Grundsatz geworden ist ... Übrigens gilt diese Regelmäßigkeit stets und für alles ... Sie nimmt niemals mehr, als sie braucht, und sie braucht wenig.

[...] Es ist nicht gerade wenig, was wir gemeinsam erlebt haben. In den drei Jahren, die ich in dieser verfluchten Stadt sitze, war sie mein Trost. Ich weiß, dass ihre Liebe zu mir ebenso groß ist wie meine Liebe zu ihr, und dass ich mich jederzeit auf sie verlassen kann.

[...] Übrigens war das nicht das Schlimmste, was wir gemeinsam durchgemacht haben. Infolge der politischen Verhältnisse von unserer Heimat abgeschnitten, ich von der Tschechoslowakei, sie von Ungarn, saßen wir mit knurrendem Magen monatelang ohne einen Heller in ihrem Kellerloch und zerbrachen uns bei flackernden Licht einer Petroleumlampe den Kopf darüber, wie wir Geld auftreiben könnten. [...] Aber Frau Kohler gewann den Kampf für uns beide. Je apathischer ich war, desto regsamer wurde dieses kleine

Persönchen, ihre von der Gicht geschwollenen Beine ermüdeten nicht, und ihr Hirn erdachte wahre Börsentransaktionen. Im stumpfen Glauben, dass man leben müsse, vollbrachte sie Wunder, die mir heute noch unerklärlich sind. Keine Krone, die sie nicht mit mir geteilt hätte, kein Stück Brot, dessen größeres Teil nicht mir zugefallen wäre. Wo wäre ich heute ohne sie? Damals nahm ich mir vor, dass auch sie von mir die Hälfte abbekommt, wenn ich einmal Millionär bin, und ich werde mein Versprechen halten. Sie werden es sehen.

[…] Das ist meine Freundin. Ein Leben ohne sie kann ich mir nicht vorstellen. Sollte ich nach Amerika auswandern, wäre sie mein umfangreichstes Gepäckstück. Ich kann früh nicht aufwachen, wenn sie nicht mit einem Besen und in einer beklecker-ten Schürze neben meinem Bett steht. Stieße mir etwas zu, könnte ich mich außer Frau Köhler niemanden anvertrauen, und das Abendessen würde mir nicht schmecken, wüsste ich nicht, dass sie den ihr gebührenden Teil gestohlen hat, was sie manchmal, aus Versehen, auch unterlässt. Wir haben stillschweigend ausgemacht, dass wir uns nie trennen werden. Sobald Sie also mich erblicken, ist Frau Köhler in der Nähe, und sehen Sie Frau Köhler, bin auch ich nicht weit.

Grazia Deledda

Das Geheimnis

An einem drückend heißen, stillen Nachmittag, einem von jenen Sommernachmittagen, die voll Langeweile sind und den Menschen nach Zerstreuung suchen lassen, besuchte die Dame aus dem weißen Landhäuschen ihren Nachbarn.

Wenn sie wenigstens irgendetwas gebraucht hätte! Aber nein, sie ging ganz einfach so zu ihm, ohne Vorwand, vielleicht aus reiner Neugierde oder eben aus Langeweile.

Sie war die erste Frau, die nach der jungen Bäuerin eindrang in sein einsames Reich, und Christian empfing sie mit fast finsterer Miene, wie ein Einsiedler, der sich in Versuchung geführt sieht in seiner abgeschiedenen Klause.

Aber die Frau sah nicht so aus, als ob sie ihn verführen wollte. Ungezwungen, ohne sich allzu neugierig umzublicken, ging sie auf den kleinen freien Platz vor dem Hause zu, und da dort zufällig eine Bank stand, nahm sie auf ihr Platz, mit matt herabhängenden Armen. Sie sah heute fast so abgespannt aus, wie Ghiana an besonders schwülen Tagen, und zum ersten Mal konnte er sie genau betrachten, vielleicht, weil er nicht zu ihr aufzusehen brauchte. Er überlegte, was er ihr anbieten könnte.

„Hübsch ist es aber hier“, sagte sie, die Hände müde in den Schoß legend. „Ich beneide sie fast um diese

Einsamkeit und Stille. Und jetzt verstehe ich auch, wie Sie es hier so lange aushalten konnten. Es ist wirklich ein entzückendes Plätzchen, so geschützt und abgeschieden. Und welch wundervolle Birnen Sie dort haben! Und sogar Trauben! Wissen Sie übrigens, dass ich eines Abends schon einmal bis an ihr Gatter kam und klopfte. Aber da Sie nicht öffneten, wagte ich nicht, weiterzugehen."

Er sah sie an und hörte ihr erleichtert zu. Nein, sie war keine gefährliche Frau. Ein Hauch von Ruhe, von Vertrauen ging von ihrem sanft gewellten, schimmernden, kastanienbraunen Haar aus.

Aber Vorsicht kann nie schaden, Christian! Zuweilen trügt der Augenschein.

„Ja, ich hörte es und öffnete sogar. Aber da waren Sie schon fort."

Mit einem schelmischen Lächeln, wie ein kleines Kind sah die Frau zu ihm auf.

„Ach, haben Sie wirklich aufgemacht? Glauben Sie mir, ich fürchtete mich hier an den ersten Abenden. Und meine Dienerin erst recht. So einsam hatte ich mir die Gegend doch nicht vorgestellt; denn das Dorf ist eigentlich verhältnismäßig nahe. Als wir im Juni im Wagen des Arztes zum ersten Mal herfuhren, kam mir der Weg recht kurz vor; aber später hatte ich das Gefühl, in einer trostlosen Einöde zu sein. Sagen Sie, wohnen Sie eigentlich schon lange hier?"

„Ja", erwiderte er in ziemlich schroffem Ton, der jede weitere Frage abschnitt. Dann fragte er: „Und wie geht es Ihrem Gatten?"

Fast erschrocken richtete sie sich auf, als hätte irgendjemand ihre Schulter berührt. Die Frage schien ihr einen kurze Zeit vergessenen Gedanken ins Gedächtnis zurückzurufen. Ihre Augen, sogar ihr Haar erschienen auf einmal viel dunkler.

„Danke, es geht ihm besser. Nur schläft er nachts fast gar nicht, holt es aber am Tage nach. Als ich fortging, schlief er auch gerade. Und Sie", fragte sie nach kurzem Schweigen, „Sie gehen wohl jeden Tag ins Dorf?"

„Oh nein! Manchmal sogar wochenlang nicht. Aber warum lassen Sie ihn am Tage schlafen?"

Leicht verwundert blickte sie wieder zu ihm auf, senkte die Augen aber gleich wieder, weil sein Blick etwas Feindseliges hatte.

Es war fast, als täten sie sich beide weh bei dem Versuche, in das Leben des anderen einzudringen.

Da entschloss sie sich plötzlich, zuerst ein bisschen mehr aus sich herauszugehen.

„Mein Mann hat ein schweres Nervenleiden, das eines Tages jäh zum Ausbruch kam – niemand weiß eigentlich, warum. Es ließ sich weder auf Überarbeitung zurückführen noch auf ein ausschweifendes Leben. Ganz plötzlich brach es über ihn herein – wie irgendeine andere Krankheit. Und dabei führten wir ein so stilles und zufriedenes Leben. Er war Bezirksarzt in einem kleinen ruhigen Ort. Auch mein Vater war als Bezirksarzt in dem gleichen Orte tätig, aber vor ihm. Sein Alter war heiter und gesund, ich möchte fast sagen: Er starb mit einem Lächeln auf den Lippen. Er war ein schlichter, bescheidener Mann, immer guter Laune, ein wenig schwärmerisch veranlagt, aber durchaus nicht beschränkt. Das setze ich hinzu, weil man heutzutage der Meinung ist, alle klugen Leute seien Melancholiker oder Zyniker. Auch mein Mann ist ziemlich klug, aber sehr ernst und ein wenig eigenbrötlerisch. Vor seiner Krankheit hatte er freilich einen klaren, gesunden Blick für alle Dinge und verlor niemals die Ruhe. Dann wurde er auf einmal von einer grundlosen Schwermut befallen, von fixen Ideen, Schlaflosigkeit, dem quälenden Verlangen, niemand mehr zu sehen. Deshalb zogen wir hierher. Zunächst wollte ich zwar mit ihm ins Gebirge fahren; aber dort ist es, glaube ich, lange nicht so still und einsam wie hier. Außerdem muss man ja auch an den Winter denken."

„Natürlich", sagte Christian verlegen. „Aber es heißt doch immer, die Meerluft sei nicht gut für Nervenleidende."

„Ja, das heißt es. Aber denken Sie an, seitdem wir hier sind, ist mein Mann viel ruhiger, viel zufriedener. Nur zuweilen hat er noch einen kleinen Anfall, wenn das Wetter sehr stürmisch ist. Ruhig war er übrigens schon immer: Er spricht nicht, er rührt sich nicht und merkt doch alles. In den ersten Monaten seiner Krankheit nahm ich ihn oft auf Spaziergängen mit. Er war so sehr gealtert, dass er fast wie mein Vater aussah, und die Leute, die uns begegneten, betrachteten ihn voll Mitleid. Er fühlte es sofort, noch schneller als ich, und wollte das Haus nicht mehr verlassen. Da rieten mir die Ärzte, die ihn behandelten, ich solle ihn fortbringen, in eine ganz andere Umgebung. Eigentlich hätte ich ihn allein lassen sollen; denn es ist bei solchen Leiden wohl am besten, wenn man den Kranken seine frühere Umgebung, die Menschen, mit denen er zusammenlebte, ganz vergessen lässt. Aber wie konnte ich ihn denn verlassen? Wohin hätte ich ihn denn bringen sollen?“

„In ein Sanatorium.“

„Nein! Niemals!“, rief sie erschrocken. „Lieber will ich ihn sterben sehen. Und so zog ich mit hierher. Ich hatte keinen Menschen in dem kleinen Ort, und nicht einmal das Haus gehörte uns. Wie konnte ich also allein dort bleiben? Ich fürchtete mich ja schon, mit ihm noch länger dort zu bleiben. Ja, ich hatte Angst. Im Grunde ist ein Ort, in dem man lebt, ja nur ein großes Haus, eine große Familie. Einer kennt den anderen, seine Sorgen, seine Schwächen, und nichts ist peinlicher als das Urteil von Leuten, die uns so gut kennen. Ständig fühlt man sich bevormundet und beobachtet, bis einen schließlich das Verlangen ergreift, zu fliehen, wieder frei zu sein. Das Verlangen, seinem Schmerze freien Lauf zu lassen, sich ihm offen hinzugeben wie einem Laster, ohne dass das Mitleid der anderen ihm eine Grenze zieht.“

„Das ist wahr“, sagte er leise.

„Zwar hatte ich dort keine Verwandten, aber alle taten so, als wenn sie eng mit mir verschwägert wären. In der ersten Zeit – wir gingen damals allerdings schon nicht mehr aus – wollten alle meinen Mann besuchen, und sie unterhielten sich mit ihm wie mit einem Gesunden, machten ihm seine Krankheit aber stillschweigend zum Vorwurf. Einige kehrten auch den Arzt heraus, und alle waren ganz erstaunt, dass er nicht von selbst wieder gesund werden wollte.

Jeder hatte einen guten Rat für mich. Und dazu die Gassenjungen, die draußen vor den Fenstern lungerten, in der Erwartung, dass sie ihn sehen oder schreien hören könnten. Ach Gott, ach Gott, es war grauenvoll! Mir war fast, als müsste auch ich den Verstand verlieren. Die Fenster mussten auf seinen ausdrücklichen Wunsch stets geschlossen bleiben, und das verlangt er auch jetzt noch. Die Klatschbasen erzählten sich, er sei vom Teufel besessen. Tausend lächerliche und grauenhafte Gerüchte waren im Umlauf. Es hieß, er sei tiefsinnig geworden, weil er einen Patienten durch ein Versehen getötet habe – oder auch, weil ich ihn wegen seines Alters verlassen wolle und ihm sogar sein Geld aus dem Geheimfach in der Wand gestohlen habe. Aber ich langweile Sie sicher. Entschuldigen Sie bitte. Wollen Sie mir nicht ihren Garten zeigen."

Sie stand plötzlich auf und warf trotzig den Kopf zurück, wie um die düsteren Erinnerungen abzuschütteln; dann schritt sie rasch quer durch den Garten.

Schweigend und verwirrter denn je folgte Christian ihr. Von Zeit zu Zeit schob er die Hände in die Taschen, als suche er etwas, könne es aber nicht finden; dann blieb er wieder unter irgendeinem Strauch stehen und starrte abwesend in die Höhe. Sie hingegen kannte alle Bäume und Sträucher und nannte ihre Namen, während sie zärtlich mit der Hand über einen Baumstamm strich oder ein Blatt abzupfte. Aber sie sah sie traurig an, wie alte Bekannte, die man zufällig wiedertrifft, die an eine glücklichere Zeit erinnern.

„Früher", sagte sie, unwillkürlich wieder in die Vergangenheit zurückschweifend, „gab ich mich viel mit den Bäumen ab. Ist es nicht wundervoll, zu sehen, wie sie knospen, wie sie blühen und Früchte tragen und sich im Herbst verfärben, als zehre eine Krankheit an ihnen? Vor meinem Fenster stand eine große Platane, deren Blätter im November auch abends in allen Farben funkelten, gelb und rot, wie in der strahlenden Sonne. Und ich bildete mir ein, sie sei verliebt – unglücklich verliebt – und sterbe an gebrochenem Herzen."

„Ach – Redensarten, lauter Literatur!", dachte Christian, aber er wagte nicht, es laut zu sagen, vielleicht auch, weil die seltsamen Worte der Frau ihm im Grunde doch gefielen.

„Auch wir hatten einen Weinstock", fuhr sie fort, mit der blassen Hand das Weinlaub kosend. „Hohe Bäume standen ringsumher, und der Wein rankte sich von Stamm zu Stamm, mit seinen schwer herabhängenden Reben. Dass ich ihn verlassen musste, tat mir wirklich leid: unter ihm verbrachte ich meine Kindheit, ich wuchs sozusagen mit ihm auf. Aber jetzt hat die Natur mir fast nichts mehr zu sagen. Hat man erst einmal in die Tiefen der eigenen Seele hinabgeblickt, so verlieren die Dinge um uns her ihre Bedeutung. Alles erscheint dann plötzlich blass und durchschnittlich im Vergleich zu dem, was in uns selber vorgeht."

Sie blieb unter der runden Akazie am Ende des Gartens stehen, den schmalen Rücken an den Stamm lehnend, den Kopf leicht vorgebeugt, träumerisch ins Weite schauend. Hell hob ihre Gestalt sich gegen den dunklen Hintergrund der Hecke ab, und der Baum beschattete sie mit seinen grünen, tief herabhängenden Zweigen.

Christian folgte ihr, die Hände in den Taschen, blieb jedes Mal stehen, wenn sie stehen blieb, und hörte ihr schweigend zu. Manchmal machte er sich im Stillen lustig über das, was sie sagte. Manchmal sehnte er sich aber auch, ihr selber irgendein tröstliches Wort sagen zu können.

Schließlich fasste er sich ein Herz.

„Ja, und dann kommt eines Tages eine Stunde –", sagte er, wie sie zu Boden sehend, „eine Stunde, wo uns alles gleichgültig wird – auch die Dinge in uns selbst."

„Nein, das nicht! Das nicht! Das ist wohl erst der Fall, wenn wir den Tod schon in uns fühlen, wenn wir schon sehr, sehr alt sind – –"

„Nun, wer viel leidet, der altert schnell. Da zählen Tage manchmal für Jahrzehnte."

„Das ist wahr. Aber es ist nur eine Täuschung. Man ist erst alt, wenn man es wirklich ist."

Nachdenklich sah er noch immer zu Boden, spürte aber, wie sie ihn forschend ansah, und dachte: Wenn du jetzt aufblickst, wirst du deine eigene Seele wie in einem Spiegel in den Augen dort sehen, die dich anstarren.

„Übrigens", sagte er, die Achseln zuckend, „ist es stets das alte Lied. Wir reden und reden und glauben mehr zu leiden als die anderen, und dabei ist das Leid doch allen Menschen eigen, genauso wie die Liebe."

Die Frau erwiderte nichts, sagte aber auch nicht Ja. Wie vorhin, schien sie wieder ihren Erinnerungen nachzuhängen, und alle äußeren Dinge schienen sie nicht zu berühren, nicht einmal seine Worte.

Lavinia

Lionel wandte sich mechanisch um und erblickte sie. Ein Schrei entschlüpfte ihm, er hatte sie nicht erwartet. Dann machte er, beschämt über diese Unschicklichkeit und durch das, was er empfand, verwirrt, eine heftige Anstrengung, um einen korrekten, tadellosen Gruß an Lavinia zu richten.

Doch gegen seinen Willen lähmte eine unerwartete Bestürzung, eine unbezwingliche Aufregung seinen erfinderischen, leichtfertigen Geist, diesen so gelehrigen, schmiegsamen Geist, der immer bereit war, sich liebenswürdig und ohne Rückhalt hinzugeben und zum Gebrauch des ersten besten von Hand zu Hand zu gehen wie das Gold. Diesmal schwieg der rebellische Geist und verharrte fassungslos in der Betrachtung Lavinias.

So schön sie wiederzufinden hatte er nicht erwartet. Als er sie verließ, war sie sehr leidend und entstellt. Damals hatten die Tränen ihre Wangen gefurcht, der Kummer ihre Gestalt verzehrt, ihr Auge war erloschen, ihre Hand trocken, ihre Toilette vernachlässigt. Unklugerweise hatte sie sich damals selbst verunstaltet, die arme Lavinia, ohne zu bedenken, dass der Kummer nur das Herz der Frau verschönert, und dass die meisten Männer der Frau bereitwillig die Seele absprechen würden, wie es ein gewisses Konzil italienischer Prälaten tat.

Jetzt aber stand Lavinia im vollen Glanze jener Nachblüte der Schönheit, deren die Frauen sich erfreuen, wenn nicht die Jugendzeit ihnen unheilbare Herzenswunden geschlagen. Noch immer war sie die schlanke, hagere Portugiesin mit dem etwas bronzefarbenen Teint und dem etwas scharf geschnittenen Profil, aber ihre Erscheinung und ihre Manieren hatten ganz die Grazie und einschmeichelnde Anmut der Französinnen angenommen. Eine unveränderlich feste Gesundheit hatte ihrer bräunlichen Hautfarbe ein samtweiches Aussehen verliehen. Ihr zarter Körper hatte die Geschmeidigkeit und blühende Lebendigkeit wiedererlangt. Ihr Haar, das sie vormals abgeschnitten, um damit der Liebe ein Opfer zu bringen, hing jetzt in ganzer Fülle dichtgelockt über der klaren, faltenlosen Stirn. Ihre Toilette bestand aus einer Robe indischen Musselins und einem Büschel weißen Heidekrauts im Haar, das im Tale selbst gepflückt war. Es gibt kein reizenderes Gewächs als die weiße Heide: Beim Anblick der zarten, schlanken Zweige im schwarzen Haar Lavinias hätte man meinen können, es wären Trauben wirklicher Perlen. Ein ausgezeichneter Geschmack hatte zu Rat gesessen bei dieser Haartracht und dieser einfachen Toilette, in der die erfinderische Koketterie der Frau sich enthüllte, indem sie sie zu verhüllen schien.

Nie hatte Lionel Lavinia so verführerisch gesehen. Nur noch einen Moment – und er wäre vor ihr niedergesunken und hätte sie um Verzeihung gebeten. Doch das ruhige Lächeln, das er auf ihrem Antlitz bemerkte, erfüllte ihn von Neuem mit der nötigen Bitterkeit, um die Zusammenkunft mit allen Zeichen stolzer Würde zu bestehen.

Aus Mangel an einer passenden Redensart zog er ein sorglich versiegeltes Päckchen aus dem Busen und sagte, indem er es auf den Tisch legte, mit fester Stimme:

„Madame, Sie sehen, Ihr Sklave ist gehorsam – kann ich annehmen, dass mir mit diesem Tage meine Freiheit zurückgegeben ist?"

„Es scheint mir", entgegnete ihm Lavinia mit melancholisch-heiterer Miene, „dass bis jetzt Ihre Freiheit nicht allzu sehr beschränkt war, Sir Lionel. Haben Sie wirklich während dieser ganzen Zeit in meinen Fesseln geschmachtet? Ich gestehe, dass ich mir damit nicht geschmeichelt habe."

„O Madame! ich beschwöre Sie, spotten Sie nicht! Ist dieser Augenblick nicht ein beklagenswerter?"

„Das ist eine alte Tradition, eine abgemachte Lösung, ein unvermeidlicher Moment bei allen Liebesgeschichten", erwiderte sie. „Ja, wenn man beim Schreiben von der künftigen Notwendigkeit, misstrauisch das Geschriebene einander wieder entreißen zu müssen, durchdrungen wäre – – aber man denkt nicht daran. Mit zwanzig Jahren schreibt man voll der tief wurzelnden, arglosen Meinung, man habe unverbrüchliche Schwüre ausgetauscht: mitleidig lächelt man bei dem Gedanken an das prosaische Ende der im Erlöschen begriffenen Leidenschaften. Hochmütig glaubt man, man werde allein unter allen eine Ausnahme bilden von dem starren Gesetz der menschlichen Unbeständigkeit! – ein edler Irrtum, ein glücklicher Selbstbetrug, aus dem die Stärke und die Illusionen der Jugend entspringen! Ist's nicht so, Lionel?"

Lionel blieb starr und stumm. Diese traurig-gelassene Sprache, obgleich aus Lavinias Munde so natürlich, dünkte ihn eine unglaubliche Widersinnigkeit, denn nie hatte er Lavinia so gesehen: Er kannte sie, wie sie, ein schwaches Kind, sich blindlings allen Irrungen des Lebens hingab, sich vertrauensselig allen Stürmen der Leidenschaft überlieferte – hatte er doch, als er sie, die Schmerzgebrochene, verlassen, noch gehört, wie sie dem Urheber ihres Unglücks ewige Treue schwor.

Doch sie dergestalt das Todesurteil über alle Träume der Vergangenheit aussprechen zu hören war peinlich und schrecklich. Diese Frau, die sich selbst überlebte und sich nicht scheute, ihrem Leben die Totenrede zu halten, bot ein tief trauriges Schauspiel, das Lionel nicht ohne Schmerz betrachten konnte. Er fand keine Antwort. Wohl wusste er besser als irgendjemand, was man in solchem Falle alles sagen konnte, aber er hatte nicht den Mut, Lavinia bei diesem Selbstmord zu unterstützen.

Da er in seiner Verwirrung das Paket mit den Briefen zwischen den Händen zerknitterte, sagte sie:

„Sie kennen mich gut genug, oder vielmehr, Sie erinnern sich meiner gut genug, als dass Sie nicht wüssten, dass ich nicht aus Rücksichten der Klugheit, die den Frauen einfallen, wenn ihre Liebe erloschen ist, diese Zeugen einer alten Liebe reklamiere. Hegten Sie solchen Argwohn, so dürfte die Erinnerung daran, dass ich diese Zeugen zehn Jahre lang in Ihren Händen ließ, ohne an die Rückforderung zu denken, zu meiner Rechtfertigung genügen. Nie würde ich mich dazu entschlossen haben, wenn nicht die Ruhe einer andern Frau durch das Dasein dieser Papiere in Frage gestellt würde."

Lionel sah Lavinia fest an und lauerte auf das geringste Zeichen von Groll oder Kummer, das der Gedanke an Margaret Ellis bei ihr erzeugen möchte, aber es war ihm unmöglich, in ihrem Blick oder ihrer Stimme die geringste Erregung wahrzunehmen, Lavinia schien jetzt unverwundbar.

Ist diese Frau zu Stein oder zu Eis geworden? – fragte er sich.

„Sie sind großmütig", sagte er halb bewundernd, halb ironisch, „wenn das der einzige Beweggrund ist."

„Und welchen andern könnte ich haben, Sir Lionel? Wollen Sie mir das gefälligst erklären?"

„Ich könnte annehmen, Madame – wenn ich Lust hätte, Ihren Edelmut zu leugnen, was Gott verhüte! – dass persönliche Motive Sie zu dem Wunsche veranlassen, wieder in den Besitz dieser Briefe und dieses Portraits zu gelangen?"

„Das hieße sich ein wenig spät entscheiden!", erwiderte Lavinia lachend. „Sicherlich würden Sie starke Gewissensbisse empfinden, wenn ich Ihnen erklärte, dass ich bis heute mit dem Anschaffen ‚persönlicher Motive' (so lautet Ihr Ausdruck) gewartet hätte, nicht wahr?"

„Madame, Sie setzen mich in große Verlegenheit", versetzte Lionel und sprach diese Worte mit zwangloser

Geläufigkeit, denn nun befand er sich auf seinem Terrain. Vorwürfe hatte er erwartet und war auf den Angriff vorbereitet. Doch dieser Vorteil ward ihm nicht, der Gegner änderte sogleich die Stellung.

„Doch fürchten Sie nicht, teurer Lionel", sagte sie mit einem Lächeln voller Herzensgüte, das Lionel, der in ihr nur die leidenschaftliche Frau kennen gelernt hatte, noch nicht an ihr kannte. „Fürchten Sie nicht, dass ich die Gelegenheit missbrauche. Mit den Jahren ist mir auch der Verstand gekommen, und seit Langem habe ich recht gut eingesehen, dass Sie mir gegenüber schuldlos sind. Ich selbst bin schuldig gegen mich, gegen die Gesellschaft, vielleicht auch gegen Sie. Denn unter zwei so jugendlichen Liebesleuten, wie wir es waren, sollte die Frau die Führerin des Mannes sein. Anstatt ihn auf die Irrwege einer verfehlten, unmöglichen Laufbahn zu leiten, sollte sie ihn dadurch, dass sie ihn an sich fesselt, der Welt erhalten. Ich aber, ich wusste nichts zur rechten Zeit zu tun. Ich habe Ihnen auf Ihrem Lebenswege tausend Hindernisse bereitet, ich war die unfreiwillige, aber unbesonnene Ursache fortwährender schlimmer Gerüchte, die Sie verfolgten, ich hatte den furchtbaren Schmerz, Ihre Tage durch Rächer bedroht zu sehen, die ich verleugnete, die sich aber dessen ungeachtet gegen Sie erhoben, ich war die Qual Ihrer Jugend, der Fluch Ihres Mannesalters. Verzeihen Sie mir, ich habe das Böse, das ich Ihnen antat, schwer gesühnt."

Lionel fiel aus einem Erstaunen in das andere. Wie ein Angeklagter, der sich mit Widerstreben auf das Armesünderbänkchen setzt, war er gekommen, und nun behandelte man ihn wie einen Richter, dessen Barmherzigkeit man in Demut anruft. Lionel besaß von Natur ein gutes Herz, nur der Hauch der weltlichen Eitelkeit hatte es in der Blüte geknickt, und Lavinias Edelmut rührte ihn umso tiefer, da er nicht darauf vorbereitet war. Bezwungen von der Schönheit des Charakters, der sich ihm enthüllte, neigte er das Haupt und beugte die Knie.

„Madame, ich hatte Sie nie verstanden“, sagte er mit bebender Stimme, „ich kannte Ihren Wert nicht, ich war Ihrer unwürdig und schäme mich dessen.“

„Sagen Sie das nicht, Lionel“, erwiderte sie und reichte ihm die Hand, um ihn aufzuheben. „Als Sie mich kannten, war ich nicht, was ich heute bin. Wenn die Vergangenheit zurückgerufen werden könnte, wenn ich heute die Huldigungen eines Mannes empfinge, der eine Stellung in der Welt bekleidet wie Sie“ – – –

– Heuchlerin! dachte Lionel. Der Graf von Morangy, der eleganteste unter den Herrn von Stande, betet sie an. –

„Wenn ich“, fuhr sie ohne Anmaßung fort, „über das äußere, öffentliche Leben eines geliebten Mannes zu entscheiden hätte, so würde ich vielleicht sein Glück, anstatt es zu vernichten zu suchen, zu mehren verstehen.“

– Soll das ein Antrag sein? – fragte sich Lionel verblüfft.

Und in seiner Verwirrung presste er Lavinias Hand feurig an seine Lippen. Gleichzeitig warf er einen Blick auf diese Hand, die merkwürdig weiß und zierlich war. Denn die Hände jüngerer Damen sind oft rot und geschwollen, erst später werden sie weiß, verlängern sich und nehmen zierlichere Proportionen an.

Je länger er sie betrachtete und ihr zuhörte, desto mehr erstaunte er, Vorzüge an ihr zu entdecken, die sie erst neu erworben hatte. Unter anderem sprach sie jetzt das Englische mit größter Reinheit und ohne den fremden Akzent und die inkorrekten Ausdrücke, über die Lionel vormals unbarmherzig gespottet hatte, und das verlieh ihrer Redeweise und ihrer Aussprache eine feine, anmutende Eigentümlichkeit. Vielleicht hatte sich das Starre und etwas Unbändige ihres Charakters nur tiefer in das Innere ihrer Seele zurückgezogen, aber ihr Äußeres verriet nichts davon. Weniger heftig, weniger absonderlich, vielleicht weniger romantisch, als sie je gewesen, war sie jetzt in Lionels Augen bei Weitem verführerischer: Sie war mehr seinen Ideen und der Welt gemäß.

Was soll ich weiter sagen? Nach einer einstündigen Unterhaltung hatte Lionel die zehn Jahre vergessen, die ihn von Lavinia schieden, oder vielmehr: er hatte sein ganzes Leben vergessen. Er glaubte sich bei einer neuen Frau, die er zum ersten Mal liebe, denn die Vergangenheit rief ihm Lavinia als trübsinnig, eifersüchtig, anspruchsvoll ins Gedächtnis, vor allem aber zeigte sie Lionel in seinen eigenen Augen als schuldig. Doch Lavinia begriff, was die Erinnerung Peinliches für ihn haben musste, und war zartfühlend genug, nur mit Vorsicht daran zu rühren.

Fanny Lewald

Diogena

Der Lord hatte nicht einmal den Kopf gewendet, er sah ruhig auf seine Fußspitzen nieder, plötzlich fragte er mich:

„Wann wollen wir reisen, Diogena?"

„Reisen?", wiederholte ich verwundert, „und wohin?"

„Gleichviel!"

„Aber wozu denn?"

„Um miteinander zu sein, solange es uns Freude macht, solange wir uns lieben."

„Und dann? Und wenn wir uns nicht mehr lieben?"

„Dann trennen wir uns oder versuchen, ob es uns tentiert, zusammen zu sterben!", sagte er mit einem Gleichmut, vor dem ich schauderte. Wie konnte ein so junger Mann bereits alle Quellen des Lebens erschöpft haben! Bot denn das Leben so wenig, oder war er einer der Titanen, die den schäumenden Becher schnell bis auf seine Hefe leeren, um ihn dann mit Degout von sich zu schleudern? Was für trostlose Erfahrungen, was für Deceptionen musste er erlitten haben, um nicht mehr an Liebe, an Freude zu glauben, um nur im Tode einen neuen Reiz für seinen Geist zu finden! Ich dachte an mein eigenes unverstandenes Dasein, ich fragte mich, wie, wenn wir beide berufen wären, die trostlose Leere zu füllen, die wir fühlen? Er fesselte doch wenigstens mein Interesse, er gab meinen Gedanken eine Richtung, er machte mir Furcht.

Ich setzte mich an seine Seite und sagte, indem ich zu lächeln versuchte: „Sie erwarten schwerlich, dass ich Ihren Reiseplänen beistimme, Mylord! Ich bin Graf Bonaventuras Frau –"

„Das eben reizt mich", meinte Ermanby. „Ich möchte wissen, wie er sich dabei betragen würde, wenn sein Freund ihm seine Frau entführte; die Deutschen sind so troublesome in diesen Angelegenheiten."

„Und wenn ich nun dennoch fest erklärte, nicht reisen zu wollen?"

„So würde ich nicht weiter darauf bestehen."

„Und Sie behaupten, dass Sie mich lieben?"

„Ja, Diogena! Ich liebe dich! – Oh!", rief er plötzlich, und ein Feuer, wie ich es nie in ihm gesehen hatte, flammte über sein ganzes Wesen empor, „o Diogena! Lass den Funken unter der Asche schlummern, die sich über mein Herz gelegt hat."

Er stand auf, seine Bewegungen waren ganz Nerv und voller Energie. Er ging heftig im Zimmer auf und ab. Plötzlich blieb er vor mir stehen und sagte: „Es war eine Zeit, in der ich an das Leben glaubte, in der ich die Liebe erstrebte und die Treue erwartete, weil ich selbst treu war. Damals hatte ich eine Braut, so rein, so hold wie das erste Weib, das hervorging aus den Händen des Schöpfers. Sie war mir verlobt und entfloh mit meinem Bruder, den ich geliebt hatte mit allen Fibern meines Herzens. Ich gab den beiden ein Rendezvous auf der Insel Chios, mein Bruder – doch wozu dies?", rief er und ging wieder mit großen

Schritten auf und nieder. Eine dunkle Wolke hatte sich über seine Stirne gelagert, es war etwas Dämonisches in ihm, ich konnte meine Blicke nicht von ihm wenden.

Bebend vor angstvoller Erwartung fragte ich leise: „Und wo ist Ihr Bruder?"

„Er starb auf Chios", antwortete er kalt und tonlos.

„Und das Mädchen?"

„Überlebte ihn nicht lange!"

Eine dumpfe Pause trat ein, während welcher der Lord seine heftige Wanderung in meinem Zimmer fortsetzte. Ich wagte nicht zu sprechen, ich war dominiert von der mirakulösen Empfindung, welche die Vögel zwingt, der Anakonda in den Rachen zu fliegen, die ihnen todbringend ist. Nach einer Weile setzte sich der Lord so ruhig neben mich nieder, als wäre nie eine Emotion durch seine Seele gegangen. Er nahm meine Hand und sagte mit seiner gewohnten, glazialen Kälte: „Diogena! Höre mich recht an; es ist ernst, was ich dir sage. Du bist so schön, dass deine Schönheit wie die Sonne alle Nebel, alle Gewitterwolken zerstreut, die sich über mein Leben gelagert haben. Mir ist, als liebte ich dich, als wäre mir deine Liebe wirklich noch ein Besitz, welcher der Mühe, ihn zu empfinden, wert wäre. So will ich dich denn besitzen. – Verstehst du mich nicht, Diogena? Willst du mein sein im Leben? Oder wollen wir sterben zusammen, noch heute, noch in dieser Stunde?"

Mir war, als öffne sich eine neue Welt meinen Augen. Aber dies war ja ein Mann, wie ich ihn gesucht hatte; ein Mann, der nichts verlangte vom Leben

als Liebe. Ich fragte mein Herz, was es für ihn empfände. Es schwieg wie immer. Meine Phantasie war okkupiert durch ihn; ich fühlte, dass ich die Seine werden könne, mit jener horriblen Indifferenz, mit der ich des Grafen Frau geworden war; aber das war es nicht, was er verlangte, nicht, was ich erstrebte. Ich war außer mir über die Kälte meines Herzens, ich wollte ja lieben, dies war eine Natur, weit über die Grenzen des Gewöhnlichen erhaben, warum konnte ich ihn nicht lieben? Warum fühlte ich keinen Impuls, für ihn zu leben, ihm den Glauben an Glück wiederzugeben, ohne Egard, ob ich selbst es fände oder nicht? Ich war innerlich deprimiert, ich verzweifelte an mir selbst, am Leben. Ich fühlte, es würde niemals anders werden und mir immer lästiger; und doch hatte ich die Apprehension vor dem Tode, die allem Leben so tief innewohnt. Ich war mir incompréhensible. Aber die innere Wahrheit meiner Natur trug den Sieg auch diesmal glorios davon. Ich gestand dem Lord, dass er mir Staunen, aber keine Liebe abgewinne.

Er sah mich mit einem furchtbaren Blicke an. „Und wozu das elende Spiel in dieser Stunde, Diogena?“, fragte er. „Wozu das Verbrechen, noch einmal Leben zu erwecken in einem Herzen, das aufgehört hat zu vibrieren?“, fragte er.

„Oh!“, rief ich, „vergib, vergib! Ich wollte ja versuchen, ob ich dich lieben könne.“

„Und du glaubst, ein Mann sei der Spielball deines törichten Willens? Du glaubst, ein Mann sei da, deine müßigen eitlen Kaprizen zu befriedigen, weil du schön bist? Denn schön bist du."

Ich schwieg. Er hielt mich am Handgelenk fest, das er mit einer Vehemenz presste, welche mir Tränen in die Augen trieb.

„Liebst du mich?", fragte er.

Mein Stolz war auf das Empfindlichste verwundet: Ermanby imponierte mir, aber er sollte es nicht wissen, weil ich ihn nicht liebte, und mit vollkommener Ruhe sagte ich, während ich zu lächeln versuchte, ein deutliches „Nein!"

Aber ich werde jetzt weitererzählen und damit zu Ende kommen. Ich bin nicht mehr müde. Ich gewöhne mich daran, allein zu sein. Alles ist unwirklich und verändert und sehr weit von den gewohnten Dingen entfernt. Ich möchte von etwas befreit sein, aber ich habe Angst, tief zu atmen. Ich sehe immer nur die Wiesen, die graubraunen Hügel und die Bäume im Wald, und ich denke nicht daran, dass es andere Gegenden gibt, Landschaft und Stadt, wo ich wieder hingehen werde. Ich will davon nichts wissen. Man kann also allein leben? Man kann sich den gewöhnlichen Daseinsformen entziehen? Man hat mich angelogen: Ich hätte doch mit Sibylle leben können. Gut, die Welt wäre mit mir nicht einverstanden gewesen, und ich wäre bestraft worden. Es gibt Gesetze, sagte Erik. Ich hasste ihn, weil er stärker war als ich. Und ich war doch überzeugt, dass ich ihm aufrichtig zugetan sei. Oh, ich war überzeugt, dass ich niemals eifersüchtig sein würde und dass ich für solche Gefühle gar keinen Raum haben könnte. Aber ihn hat Sibylle in den Armen gehalten, das hat ihn befreit, und er ging unverletzt seines Weges. Er war unverletzt, niemand konnte ihm einen Vorwurf machen, und er liebte Sibylle immer noch, und es konnte ihm nichts anhaben. Er sagte mir, dass man gewisse Lebensnotwendigkeiten einsehen müsse. Mit gesellschaftlichen Vorurteilen habe das nicht das Geringste zu tun, sagte er, sondern es habe mit unserer Seele zu tun, mit unserer Bezogenheit auf Gott. Ich war bereit, es einzusehen, und ich fühlte mich sehr schuldig. Aber ich bin nur ein Mensch, und er hatte gut reden. Er sagte, es gäbe keine andere Sünde, als seine Kräfte von Gott abzulenken und sie ins Leere zu werfen. Keine Willensäußerung und kein Opfer sei berechtigt, wenn es nicht dem Ganzen diene und der Erfüllung der persönlichen Form.

„Woher kenne ich meine persönliche Form", sagte ich.

„Du musst glauben, dass Gott dich liebt", sagte Erik. „Du wirst dann nichts tun, was dir nicht entspricht."

Er war ein gläubiger Mensch.

Am Abend ging ich an den Empfang des englischen Botschafters. Es waren sehr viele Leute da, und ich kannte viele von ihnen. Alle waren freundlich zu mir, sie erkundigten sich nach meiner Arbeit und sagten, dass ich Ferien bekommen müsse, um mich zu erholen. Ein alter Herr, den ich nur flüchtig kannte, lud mich ein, auf sein Gut in Ostpreußen zu kommen. Ich fühlte mich den ganzen Abend wohl und blieb ziemlich lange. Es gab ein gutes Buffet und viel Champagner, und ich saß mit ein paar jungen Engländern von der Botschaft und unterhielt mich mit ihnen. Sie sagten, die jungen Leute in England seien immer noch viel zu ungebildet, aber viele hätten sich geändert und interessierten sich für andere Länder. Sie sprachen sehr gut Deutsch. Sie schlugen mir vor, im Sommer mit ihnen nach Oxford zu gehen und dort einen Ferienkurs zu besuchen. Das gefiel mir gut. Einer der Engländer wollte bald darauf gehen, und wir gingen zusammen fort. Als ich zu meinem Wagen kam, stand Willy da und wartete auf mich. Es fiel mir plötzlich auf, dass er bleich und mager war und dass man etwas für ihn tun müsste. „Frierst du nicht?“, fragte ich. Er sagte: „Ich bin seit einer Stunde da.“ Der junge Engländer verabschiedete sich. Ich glaube, er machte sich Willys wegen falsche Gedanken.

Wir fuhren weg. Es war ein Uhr. Man traf ziemlich viele Wagen an. Wir fuhren am Tiergarten vorbei über die Brücke und das Lützowufer entlang.

„Sibylle ist nicht im Theater“, sagte Willy plötzlich. „Sie wartet in der Kneipe auf Sie.“

„Hat sie nicht gesungen?“, fragte ich.

„Nein, sie hat abgesagt.“

„Ist etwas passiert?“

Willy sah geradeaus und murmelte:

„Sie will nicht, dass ich es Ihnen erzähle.“

„Unsinn“, sagte ich. „Ich bin doch ihr Freund.“

„Ja, ja“, sagte Willy besänftigend. „Aber so ist sie doch. Und jetzt will man ihr das Kind wegnehmen.“

Er sah mich an. Ich schwieg.

Ich empfand etwas sehr Merkwürdiges. Es war, als verliere die Erde plötzlich ihre Anziehungskraft und lasse mich frei. Ich hielt das Steuer des Wagens fest, aber meine Füße waren weit weg und ohne Halt, und ich selbst war leicht und leer und konnte sicher durch den Raum fliegen, und mein Atem war auch ganz leicht und beinahe überflüssig. Neben mir sagte Willy: „Aber es ist nicht ihr Kind. Die Mutter ist gestorben, und Sibylle hat es zu sich genommen.“

Ich hatte neben Sibylle gelebt und hatte sie jeden Tag gesehen und war von ihr erfüllt gewesen, und sie war zur gleichen Zeit von etwas ganz anderem erfüllt gewesen. Jetzt erfuhr ich es und fühlte mich leer und hätte doch beinahe erleichtert oder getröstet sein müssen…

„Was ist es für ein Kind?“, fragte ich. Ich hatte also recht gehabt. Sie betrog mich nicht, sie machte sich nicht über mich lustig.

Sie hatte ein Kind.

„Sie hat es für den Vater übernommen“, sagte Willy. „Niemand weiß etwas davon. Man hat ihn wegen Rauschgifthandel verhaftet. Sie hat ihm versprochen, für das Kind zu sorgen. Aber sie hat ja kein Geld.“

Ich fuhr langsam. Die Straße war glatt und dunkel. Als ich über eine Kreuzung fuhr, kam aus der Seitenstraße das Licht meines eigenen Wagens auf mich zu und brach sich in der Scheibe.

„Geld kann man schließlich beschaffen“, sagte ich.

„Aber der Chauffeur nimmt ihr das Kind weg“, sagte Willy. „Er ist der Bruder der Mutter. Das Gericht hat ihn als Vormund bezeichnet. Er hat das Recht dazu.“

„Warum will sie das Kind nicht hergeben?“, fragte ich.

„Sie sagt, sie will nicht leben ohne das Kind“, sagte Willy bedrückt.

„So sind die Frauen. Sie liebt es.“

Wir ließen den Wagen ein paar Häuser von der Kneipe entfernt stehen und deckten den Kühler zu.

„Geh voran“, sagte ich.

„Nein“, sagte Willy. „Sie weiß nicht, dass ich dich geholt habe.“

Ich fragte plötzlich:
„Warum hast du Erik nicht geholt?"
„Der tut nichts dafür", sagte Willy. „Sibylle will nicht, dass ich ihn um etwas bitte. Sie sagt, er sei ihr Freund, aber er brauche nicht alles zu wissen."
Ich fühlte mich ein wenig glücklicher und weniger bedrückt. Ich ging rasch an dem Portier vorbei. Sibylle saß an einem der ersten Tische und rauchte. Sie sah wunderschön aus. Sie fragte, ob ich gegessen hätte, und bestellte Bier für mich. Willy war draußen an der Theke geblieben.
„Was ist los?", fragte ich. Sibylle sah mich forschend an und sagte: „Nichts. Gar nichts ist los."

Wir waren uns sehr fremd. Ich fühlte es und war erregt, und ich wusste nicht, was ich tun sollte. Wir saßen ziemlich lange, ohne zu sprechen.

„Wie ist es mit dem Kind?", fragte ich dann zögernd.

„Es ist krank", sagte Sibylle. „Ich muss es wieder zu mir nehmen."

„Wird er es herausgeben?"

„Du müsstest etwas für mich tun", sagte sie. „Ich bin erst heute auf den Gedanken gekommen. Du müsstest unterschreiben, dass du für das Kind sorgen willst."

Ich fühlte etwas in mir kalt werden. Auch meine Hände waren kalt.

„Ich müsste es adoptieren“, sagte ich.

Sibylle schwieg.

„Wann musst du Bescheid haben?“

„Sprich mit niemandem darüber“, sagte sie kurz. „Telefoniere mir morgen.“

Wir gingen hinaus, stiegen in das Auto und fuhren weg. Ich wollte ihr vorschlagen, noch in meine Wohnung zu kommen, ich sehnte mich wahnsinnig danach, sie allein zu haben, sie zu trösten, die Kluft zwischen uns zu überbrücken. Aber ich hatte Angst, sie gerade jetzt darum zu bitten. Es hätte sie sicher verletzt.

Als wir fuhren, legte sie die Hand auf meinen Hals und umschloss ihn mit ihren Fingern. Sie sagte kein Wort.

„Ist es sehr schlimm?“, fragte ich.

„Ja“, sagte sie. „Es ist doch mein Leben. Aber ich dachte mir, dass ich es nicht behalten könne.“

„Ich werde dir helfen“, sagte ich. Meine Stimme war unsicher. Sie umschloss meinen Hals fester.

„Liebling“, sagte sie. „Ich weiß, dass du mir nicht helfen wirst. Ihr seid alle gleich, ihr könnt ja nicht.“

Dann waren wir vor ihrer Wohnung. Sie stieg aus, nahm den Schlüssel aus der Tasche, gab mir die Hand und ging die Treppe bis zur Haustür hinauf. Es waren drei Stufen, und ich sah durch das niedere Wagenfenster nur ihre sehr schlanken Beine und die schmalen Abendschuhe. Sie hatte heute ein kurzes Kleid an, weil sie nicht im Theater sang.

Ich blieb am Steuerrad sitzen. Ich war irgendwo gelähmt.

Als Sibylle sah, dass ich nicht wegfuhr, kam sie zurück, und ich öffnete ihr die Tür. Sie saß neben mir und zog meinen Kopf zu sich herab.

„Vielleicht würde ich dich lieben", sagte sie. „Aber sei nicht verzweifelt. Ich war sehr gut für dich, später wirst du das einsehen."

Wer musste denn hier getröstet werden!

„Ich gehe fort", sagte sie. „Aber vielleicht kommst du doch mit?"

„Würdest du dich denn freuen?", fragte ich gepresst.

„Ja", sagte sie. „Sonst würde ich es nicht vorschlagen."

„Wir nehmen das Kind mit", sagte ich.

Mein Gott, jetzt lächelte sie. Sie ließ meinen Kopf los und lächelte. Und Willy hatte gesagt, sie habe geweint.

„Zuerst kommt unsere Beziehung zu Gott. Alles Persönliche ist ohne Bedeutung. Du musst deiner Form gemäß leben. Alles, was dich davon ablenkt, ist Sünde. Es gibt keine andere Sünde, als sich von Gott ablenken zu lassen."

Und sie hatte geweint!

Ach, es gab keine andere Sünde, als Sibylle leiden zu lassen.

„Ich werde alles tun, um dir zu helfen", sagte ich.

Sie sagte nichts mehr. Sie stieg zum zweiten Mal aus. Und jetzt fuhr ich sofort weg.

Am nächsten Tag sprach ich mit einem Rechtsanwalt, den ich durch Erik kannte. Er sagte, er werde sich der Sache annehmen, und als ich fortgegangen war, rief er Magnus an. Das war nicht korrekt gehandelt, aber er meinte es sicher gut. Er ging auch zu Sibylle, aber sie wies ihn ab. Als ich sie am Nachmittag sprechen wollte, sagte mir die Wirtin, sie schlafe noch, aber ich könne sie abends im Walltheater treffen. Es war sehr schwer, etwas für sie zu tun. Ich fühlte mich den ganzen Tag sehr schlecht und erbrach mich mehrmals. Erik schickte mir einen Arzt. Er untersuchte mich und sagte, mein Organismus sei geschwächt und die Magennerven funktionierten nicht mehr.

Ich versuchte noch einmal, Sibylle zu erreichen. Sie kam auch an den Apparat und sagte mir, ich hätte nichts Offizielles unternehmen dürfen, ohne sie zu fragen. „Vielleicht schickst du mir gleich die Polizei", sagte sie. Ich hatte vergessen, dass sie weder mit der Polizei noch mit Beamten irgendetwas zu tun haben wollte.

Dann telefonierte Erik. Er wollte meinen Vater benachrichtigen. Ich schrie ihn an und bat ihn, es nicht zu tun. Ich sagte: „Ihr seid ja alle wahnsinnig geworden." Aber sicher hielten sie mich für wahnsinnig. Ich hasste Erik. Um vier Uhr rief ich das Dienstmädchen und ließ eine Handtasche packen.

Ich war entsetzlich verwirrt und dachte, dass alles, was ich tun wollte, falsch sei. Ich dachte, es wäre besser, zu meinem Vater zu fahren und ihn zu bitten, mich mit Sibylle fortreisen zu lassen. Aber ich sah ein, dass ich mich lächerlich machen würde. Man würde mich wie einen Primaner behandeln. Dann nahm ich mir vor, mit Sibylle zu sprechen. Aber sie hatte mir Vertrauen geschenkt, und ich enttäuschte sie, und das war alles einfach und klar.

Ich warf mich auf mein Bett und war außer mir und wusste keinen Ausweg.

Dann zog ich meinen Mantel an, nahm die Handtasche und ging hinunter, um den Wagen zu holen.

Ich hätte Irmgard gern noch gesehen. Aber ich hatte Angst, bei ihr wieder weich zu werden, und ich musste doch fort. Ich fuhr durch eine andere Straße, um nicht an ihrem Haus vorbeizukommen. Es war schon dunkel, und ich brauchte fast eine Stunde, bis ich aus der Stadt draußen war.

Kapitel 4

Das Genie hat kein Geschlecht.

Madame de Staël

Helene Lange

Die Konkurrenz der Geschlechter

Ist die Vereinigung von Beruf und Mutterschaft die wichtigste und schwierigste innere, so ist die bedeutsamste äußere Frauenfrage die der richtigen Verwertung der erwerbsbedürftigen Frauen in der Volkswirtschaft. Und auf dieser Seite der Frauenfrage liegt, zugleich als ihr wundester Punkt, das Problem der Konkurrenz der Geschlechter.

Im allgemeinen Bewusstsein scheint die Sache sehr einfach. Die Frauen verdrängen die Männer. Sie besetzen Stellen, die einen Mann, d. h. eine Familie, ernähren könnten. Darin liegt eine Gefahr für das Volkswohl. Wenn daher die Frauenarbeit unvermeidlich ist – so heißt es –, muss man sie auf solche Gebiete schieben, wo diese Gefahr zu vermeiden ist, d. h. entweder die sogenannten weiblichen, die der Mann unter keinen Umständen besetzen wird, oder die unbegehrten, niedrig bewerteten. Der Mann als Kandidat einträglicher Berufe hat immer vor der Frau den Vorzug, dass er eine Familie erhalten kann, dass also seine Einnahme im größeren Interesse des Volkswohls verwendet werden wird.

Diesem Gedankengang kann man immer begegnen, wer ihn ausspricht, pflegt ihn für durchschlagend und unwiderleglich zu halten.

In Wirklichkeit aber sind in diesen wenigen Sätzen, die ihre Herkunft von dem Interessensstandpunkt sich bedroht glaubender männlicher Berufsschichten deutlich verraten, eine Fülle von Tatsachen als selbstverständlich vorausgesetzt, die erst nachgewiesen, es sind darin Werturteile ausgesprochen, die auf ihre Begründung untersucht werden müssten.

[...] Vergegenwärtigen wir uns die volkswirtschaftlichen Tatsachen. Erwächst in der Tat aus der Erweiterung der Frauenarbeit dem Manne eine Konkurrenz?

Bei der vorhin gekennzeichneten laienhaften, aber sehr verbreiteten Auffassung der Konkurrenzfrage steht bewusst oder unbewusst im Hintergrunde die folgende Vorstellung: Es gibt nur eine bestimmte, gegebene Zahl von Arbeitsplätzen in der Volkswirtschaft. In dem Maße als Frauen diese Plätze einnehmen, werden Männer „verdrängt". Diese Vorstellung ist ausgesprochen unmodern. Sie zieht letzten Endes ihre Nahrung aus längst vorübergegangenen Wirtschaftsformen. Ganz allgemein gesprochen ist in der Zeit der Weltwirtschaft jedes nationale Wirtschaftsleben ausdehnbar. Unsere Industrie arbeitet nicht nur für nationale Bedürfnisse, sie kann in dem Maße mehr Kräfte beschäftigen, als sie den Weltmarkt erobert. Man kann auch umgekehrt sagen: Sie kann in dem Maße den Weltmarkt erobern, als ihr Kräfte zur Verfügung stehen. Ähnlich liegt es im Handel. [...] Die Konkurrenz der Geschlechter ist ein vollkommen anderes Problem in einer stagnierenden oder begrenzten als in einer sich erweiternden, ausdehnungsfähigen Volkswirtschaft.

[...] Aber besteht tatsächlich eine solche Konkurrenz?

Die Frage ist nicht allgemein und summarisch, sie ist nur für die einzelne Schicht gesondert zu betrachten. In großen Zügen gekennzeichnet, ist die Sachlage diese: In der Landwirtschaft besteht überhaupt keine Konkurrenz. Wo sich die Frauenarbeit vermehrt – die Zahl der Landarbeiterinnen z. B. hat in Deutschland gegenüber der der Landarbeiter zugenommen –, haben die Frauen nur Plätze bezogen, für die sich keine Männer fanden. Der chronische Mangel an landwirtschaftlichen Arbeitskräften lässt ein Konkurrenzproblem überhaupt nicht entstehen. Schon heute, so kurz nach dem Kriege, beschäftigt die deutsche Landwirtschaft wieder ausländische Arbeitskräfte. In der Großindustrie dagegen, deren Vielgestaltigkeit einer zusammenfassenden Darstellung des Problems spottet, gibt es diese Konkurrenz in verschiedensten Formen. Einmal unmittelbar und im eigentlichsten Sinne: dass nämlich Frauen neben den Männern die gleiche Arbeit tun wie diese. Dieser Fall ist aber nicht so sehr häufig. Andererseits so, dass Frauen die Männer im eigentlichsten Sinne „verdrängen", insofern technische Veränderungen eingeführt werden, durch welche der gelernte Arbeiter entbehrlich wird und der ungelernte – unter Umständen also die Frau – ihn ersetzen kann.

Allerdings kann man sagen, dass solche Verwandlung von gelernter in ungelernte Arbeit eine allgemeine Entwicklungstendenz der Industrie ist und ebenso gut wie die ungelernte Frau auch den ungelernten Mann an die Stelle des gelernten schiebt. Aber sicher ist wohl, dass das Angebot der Frauenkräfte diese technischen Veränderungen begünstigt und erleichtert, und dass der Krieg, der ja die technische Entwicklung geradezu zwang, die Industrie möglichst auf ungelernter Frauenarbeit aufzubauen, diese Tendenz sehr beschleunigt hat. Im Handwerk hat sich eine ziemlich glatte Arbeitsteilung entwickelt. Den Frauen fallen bestimmte Zweige der Schneiderei, Putzmacherei, Wäschenäherei, Stickerei als vorwiegend „weibliche" Handwerke zu. Von einer Konkurrenz im eigentlichen Sinne lässt sich vielleicht im Friseurhandwerk sprechen.

In den Mittelstandsberufen wird die Konkurrenz der Frauen durchgehender und schärfer empfunden. Die Berufsorganisation der Handelsangestellten behauptet dauernd eine Verdrängung und eine Herabsetzung der Gehälter durch die Frauen. Tatsächlich liegt auch hier die Sache so, dass die Entstehung gering bezahlter Posten im Handelsgewerbe aus der modernen Organisation des Handels hervorgeht. Die durchgeführte Arbeitsteilung des Großbetriebes hat zahlreiche untergeordnete Posten geschaffen, die nicht mehr nur Durchgangs-, sondern Dauerstellungen sind, aber ihrem Wesen nach keine hohe Bezahlung erfahren können.

Diese Entwicklung, die sich ohne Zweifel auch ohne weibliches Arbeitsangebot hätte vollziehen müssen, ist durch die vorhandenen weiblichen Kräfte erleichtert und beschleunigt.

Die Ausdehnung der Frauenarbeit im Handelsgewerbe ist eine Erscheinung von internationaler Tragweite. Überall hat dieselbe Entwicklung des Handelsgewerbes zur Frauenarbeit geführt. Eine Schädigung der Männer durch die Frauenarbeit liegt hier insofern vor, als einerseits durch das vorhandene Angebot weiblicher Kräfte die Schaffung gering bezahlter unterer Angestelltengruppen erleichtert wurde und als andererseits das Vorhandensein der weiblichen Kräfte eine aufsteigende Lohnbewegung der männlichen Angestellten in gewissem Maße erschwert. In wie hohem Grade, lässt sich nicht objektiv schätzen.

Wie weit im Lehrberuf die Vermehrung der weiblichen Lehrkräfte als „Konkurrenz" aufzufassen ist, hängt zunächst äußerlich von dem jeweiligen Angebot der männlichen Kandidaten ab. Die Fortschritte des Volksschulwesens verbunden mit der Zunahme der Bevölkerung hatten vor dem Kriege das Bedürfnis nach Lehrkräften ungemein gesteigert. Tatsächlich ist in der Bewegung von Angebot und Nachfrage im Lehrberuf der Volksschule Lehrermangel häufiger gewesen als ein Überangebot. Von einer Männer verdrängenden Konkurrenz der Frau konnte bis dahin also überhaupt nur in sehr eingeschränktem Maße die

Rede sein. Etwas anders liegt es im höheren Lehrberuf. Allerdings schwankt das Verhältnis von Bedarf und Bewerbern auch hier stark. Im Ganzen herrscht wohl ein Überangebot von Kräften vor. Dieses chronische Überangebot ist aber auch den höheren Berufen ohne Frauenkonkurrenz eigentümlich, es kam auch im höheren Lehrberuf vor, ehe er den Frauen zugänglich war. Zurzeit besteht in Deutschland ein Überangebot, das im Wesentlichen auf den Rückstrom der Lehrkräfte aus abgetretenen Gebieten und auf die Verminderung der Geburtenzahl im Kriege zurückzuführen ist und durch die Notwendigkeit zur Verminderung der staatlichen Beamten aus Ersparnisgründen verschärft wird. Aber das ist eine vorübergehende Erscheinung, die möglicherweise, da auch das Studium zurückgeht, schon sehr bald anderen Verhältnissen Platz macht.

In den anderen wissenschaftlichen Berufen sind bisher die Ziffern der Frauen zu klein, um bereits eine Konkurrenzgefahr zu bedeuten. Ernstlich wird man von der zukünftigen Möglichkeit einer solchen nur noch im ärztlichen Beruf sprechen können, wo allerdings bei ganz freiem Wettbewerb die Frau die Aussichten des Mannes unter Umständen verschlechtert.

Ellen Key

Die Mütterlichkeit der Gesellschaft

Auf einem kürzlich abgehaltenen Frauenrechtlerinnenkongress wurde eine Kantate gesungen, die verkündete: dass die Menschheit unter der Herrschaft des Mannes in Dunkelheit und Verbrechen umhergetappt sei. Aber aus der Seele der Frauen würde die Menschheit wiedergeboren werden, der Sonnenaufgang würde das nächtliche Dunkel zerstreuen und das Erscheinen des Messias gewiss sein!

Dass die Männer in der Zeit ihrer Gewaltherrschaft doch einige Kleinigkeiten zusammengebracht haben – beispielsweise Religionen und Gesetze, Wissenschaften und Künste, Entdeckungen und Erfindungen – dass ihre Winternacht wenigstens eine Winterstrasse gehabt hat, das geruhte Ihre Majestät die Frau zu vergessen!

Wenn der Mann rachsüchtig genug wäre, nachzuforschen, was denn die Frau im Laufe der Zeiten geleistet habe, das ihr schwindelndes Selbstgefühl berechtigen oder, mit andern Worten, den Vergleich mit den eben genannten Werken des Mannes bestehen könnte, dann fände er nur eines!

Als die Natur den Geschlechtstrieb schuf, da wandelte die Frau ihn in Liebe um; als die Notwendigkeit die Wohnstätte hervorrief, da schuf die Frau daraus das Heim. Ihr großer Kultureinsatz war also die Zärtlichkeit.

Und dieses Werk ist in Wahrheit bedeutungsvoll genug, um den Einsatz des Mannes aufzuwiegen – nicht aber, um ihn wertlos zu machen!

Glücklicherweise verstummt die Behauptung immer mehr, dass die „Unterdrückung" durch den Mann der Frau die Möglichkeit geraubt habe, auch auf seinen Gebieten ihre Kraft zu erproben. Mehr und mehr sieht man ein, dass im Daseinskampfe die Notwendigkeit der Gesellschaftsarbeit der Frau die Form der häuslichen Arbeit gab. Dieselbe Notwendigkeit hat nun – im Großen gesehen – die an die häusliche Arbeit gebundenen Kräfte freigemacht, obgleich die Frau niemals, zu keiner Zeit, von dem Gebrauch ihrer geistigen Fähigkeiten ausgeschlossen war. Dieser Gebrauch war jedoch selbstverständlich nur ein gelegentlicher, solange die ganze Hauptsumme ihres Kraftverbrauchs einem andern Gebiete angehörte.

Aus dem Gesichtspunkte der nun befreiten weiblichen Persönlichkeit verlangen die Frauen – und viele Männer für sie – das Recht, diese persönlich-menschlichen Kräfte für die Gesellschaftsarbeit einzusetzen. Sie weisen besonders auf die Versäumnisse des Staates in jenem Pflichtenkreise hin, der schon im Heim ihr eigenster ist, nämlich das Dasein der Zarten oder Schwachen zu schützen und zu heben. Und die Männer beginnen einzusehen, dass, je fester die Gesellschaft sich organisiert, desto unentbehrlicher das Zusammenwirken aller ihrer Teile wird, wenn der soziale Organismus wirklich sein Ziel, die Wohlfahrt aller, erreichen soll; sie sehen ein, dass die neuen Formen der Staatshilfe wie der Selbsthilfe, die man nun immer zielbewusster sucht, nicht den wirklichen Bedürfnissen angepasst werden können, wenn nicht die Frau auf allen Gebieten mit dem Manne zusammen arbeiten und an der Gesetzgebung teilnehmen kann, die über ihre eigene Wohlfahrt wie über die ihrer Kinder entscheidet.

Aber dass die Organisierung der Gesellschaft nun so weit vorgeschritten ist, dass der Mann sich nach der Hilfe der Frau umsieht, das sollte kein Grund für die Frauen sein, dem Manne die ganze Schuld an der langsamen Entwicklung der Gesellschaft aufzubürden! Die Langsamkeit ist in gleichem Grade der bisherigen Natur der Frau wie der des Mannes zuzuschreiben, der Begrenzung, der Gebundenheit beider durch die Gesetze der Entwicklung. Das Fortschreiten zu höheren Zuständen beruht in gleichem Maße auf Umwandlungen in beider Wesen, beider Idealen, beider Kulturmitteln und Kulturzielen. Diese Umwandlungen nehmen ihren allerersten Anfang mit der Erziehung, die die Frauen der neuen Generation geben, welche dann Gesetze erlassen, die Arbeit ordnen und den Verbrauch nach den Bedürfnissen bestimmen wird, die sie mit ins Leben bringen, nach den Werten, die sie im Heim lieben gelernt haben.

Unsere Zeit ist diejenige, die sich ihrer eigenen Mängel wahrscheinlich am meisten bewusst ist. Aber nichts ist für das Rechtsgefühl empörender, als wenn dieses Bewusstsein die Form des Größenwahnsinns der Frauen annimmt, die meinen, dass es in ihrer Machtvollkommenheit stehe, den Weltverlauf zu wenden!

Kapitel 5

Die Zeit entschwindet dir unvermerkt.

Katharina von Siena

Edith Linvers

Ich werde ...

Eines Tages werde ich, in einem Schaukelstuhl sitzend, aus dem Fenster schauen, meine Augen zu müde, um zu lesen, meine Hände zu zittrig, um selbst zu schreiben. Doch meine Erinnerungen an dich werden so jung sein wie damals. Damals, wann wird das sein? Schon morgen? In ein paar Wochen, Monaten oder Jahren werde ich dich mit meinem Charme nicht mehr in Verzückung versetzen können. Du wirst mich irgendwann beim Frühstück nachdenklich mit kritischem Blick betrachten, dir werden verschmierte Reste meiner Wimperntusche und Spuren des Vorabends nicht unentdeckt bleiben.

Ich werde es registrieren, mir jedoch nichts anmerken lassen. Enttäuschungen werden bei mir keinen Nährboden finden. Ich werde meine Gefühle nach Innen kehren, mich lächelnd von dir verabschieden. Ich werde dir versprechen, dich nicht mit Gewalt festzuhalten. Warum? „Viel Lärm um nichts."

Nichts haben wir für immer gepachtet. So ist das Leben: „Zuerst ist Liebe ein loderndes Feuer. Zu Beginn verzehren Flammen alle Bedenken, bis man verkohlt ist."

Es wird schmerzhaft sein, dich zu verlieren, jedoch nicht deine Schuld sein, dass du einmal für mich Erinnerung sein wirst. Schuld daran sind Illusionen, die der Realität nicht standhalten können. Sich jenseits aller Vernunft einfach zu verlieben, so wie damals du und ich. Hätten wir uns je dagegen wehren können?

Solltest du dich meiner später erinnern oder dir gar Vorwürfe machen, dass ich an Liebeskummer gestorben sein könnte, tröste dich damit, dass ich ein einfaches Mädchen vom Lande, vielleicht doch nicht so ganz dein Typ war. Trotzdem gab es für mich Augenblicke, da hätte ich mein Leben für dich gegeben.

Nun, damals hatten wir uns gesucht und gefunden, aber du warst blind und ich taub. Wir liebten beide Shakespeare, doch du buchstäblich mehr: „Wie es euch gefällt" und ich mehr wie den „Sommernachtstraum".

Ich werde mir meinen Traum bewahren, ich werde Erinnerungen haben, ich werde mit diesen Erinnerungen auch in diesem Jahrhundert leben. Was immer geschehen wird, ich werde mir erlauben dich zu lieben. O ja, ich werde … Und du?

Ingrid Bachér

Sieh da, das Alter

Ich erinnere mich an eine schmale, ganz in schwarz gekleidete Frau auf Ios, einer der Zykladeninseln, auf der ich zu Beginn der 60er Jahre einige Monate lebte. Sie schien alterslos und obwohl ich kein Wort mit ihr wechselte, habe ich sie am stärksten von all den Bewohnern in Erinnerung, weil ihre Anwesenheit auf so stille, hartnäckig sich wiederholende Weise mich wie ein Déjà-vu-Erlebnis berührte oder wie ein Hinweis auf eine andere Möglichkeit zu existieren, die mir sofort vertraut erschien und zugleich verschlossen war.

Jeden Nachmittag sah ich, wie die Frau zum Strand ging und sich dort im Schatten einer Mauer niederlegte und einschlief. Gegen Abend stand sie auf und verschwand. Es war das Alter der Frau, ihre ruhige Würde und das Alter des Landes und seiner Geschichte und wie sich dies miteinander verband, was sich mir so unvergesslich einprägte.

In einem Kurzfilm habe ich später festgehalten, was mich damals an dieser Szene so faszinierte, wollte auf andere Weise noch einmal diesen Eindruck entstehen lassen. Wir machten die Aufnahmen in Holland am Meer. Eine Frau, ganz in schwarz gekleidet, legte sich bei Ebbe in den Sand und wir drehten als die Flut kam, drehten wie die Flut immer näher herankam an die ruhig Schlafende, die sich nicht rührte und die dann endlich ganz umspült vom Wasser war, ja wie

hineingesogen ins Wasser, bis die Wellen über den Körper glitten und ihn vollständig bedeckten. Endlich war nur noch das Meer da.

Ich sah auf Ios die Frau und gleichzeitig ein Bild vom Schlaf des Alters. Ich sah den Körper in immer demselben schwarzen Kleid – und selbst wenn es ein andere war, so war es doch immer gleich lang und eng sie umfassend, das Oberteil wie gewickelt und zusammengehalten vor der Brust. Es unterstrich die Bewegung ihres Körpers, lenkte nicht ab. Ihre Haltung, wie sie zum Strand ging und sich dort hinlegte, eine Stunde, manchmal auch länger, dort schlief, dann wieder aufstand und davonging, beschäftigte mich. Es war, als käme sie aus einer anderen Zeit, fern der meinen, eine Zeit der Mythen und der Urgeschichten, nah der Schöpfung. Zum ersten Mal war es damals, dass ich an mein Alter dachte, wünschte, so zu sein, so am Ende zu liegen, ruhig im Schwarz der alten Frauen geborgen, nah dem Meer. Ich wusste, dass mir dies wahrscheinlich nicht gelingen würde, war ich doch viele Generationen und viele Länder von dieser alten Frau entfernt. Doch versuchte ich in der Filmszene die Empfindung zu wecken für dies Einverständnis mit dem Sein, dies Einverständnis mit dem langsamen Vergehen, mit dem Strand und dem Meer.

Gabriele Reuter

Five o'clock

Den stumpfen, dumpfen Krepp der tiefen Trauer hatte Frau von Necker abgelegt. Sobald sie sich bewegte, wenn sie sich zum Kamin beugte und mit poliertem Stahl zwischen dem Koks wühlte, dass die Glut aufflammte, dann glitzerte es aus allen Rüschen und Falten ihres schwarzen Kleides von winzigen Jett-Pailletten, ihre dünne, feine Gestalt schien plötzlich hunderte von blauen und gelben Lichtfünkchen auszustrahlen. Und trotz des wehen Zuges über den Brauen und um ihre Lippen, sprühte etwas wie verstohlene Lebenslust aus dem neckischen Flimmerspiel, das so verschwenderisch über die finsteren Spitzen verstreut war.

Frau von Necker hielt eine blütenweiße Teeschale in der Hand, durchsichtig und leicht, wie die Eierschale eines Singvogels. Sie nippte von dem Trank, den sie ohne Rahm und Zucker nahm, um das ihm eigene Aroma nicht zu verderben und seine rötlichgoldene Farbe rein zu genießen. Ihr berühmtes Haar, welches immer den Eindruck hervorrief, als müssten alle Schildpattnadeln darin zerbrechen und der große wirre Knoten langsam in den Nacken gleiten, – dieses Haar besaß genau die Farbe vom russischen Tee. Walther Scharling hatte einige sehr schöne Verse gemacht – auf den russischen Tee und auf ihr Haar.

… Wie sonderbar, dass er noch nicht hier war. Sie hatte ihre Ankunft zwar nicht gemeldet – natürlich nicht – wie hätte sie … Aber auf irgend einem Wege hätte er es doch erfahren können.

Fürchtete er sich vielleicht? O Walther! Es sähe ihm ähnlich.

Weil sie nun frei war?

Sie sah über die flache Teeschale hinweg in die Glut und errötete plötzlich.

Sie war ja frei …

Wie seltsam.

Frei – –!

Ja …

Und?

Sie lächelte – so geheimnisvoll traurig, wie sie immer lächelte aus Gewohnheit und wie es so gut zu ihrer bleichen Farbe und zu dem ganzen Stil ihrer Schönheit stimmte.

Während sie die Schale auf den Bambustisch niedersetzte, zitterte ihre Hand. Sie blickte unter halb gesenkten Lidern vor sich hin, als schaue ihre Seele ein tiefes Geheimnis.

Aber es war auch nur die alte Gewohnheit so zu blicken.

Frei –!

– – – Aus dem unbestimmten Dämmern der Erinnerung traten ihr die Momente, in denen sie gesprochen hatte:

„Ich bin nicht frei." Immer wieder das eine Wort – wie eine Zauberformel, welche böse, wilde, verführerische Geister zu dienendem Gehorsam bannen musste.

… Warum nicht frei? Ihr Mann saß über seinen Büchern oder im Café. Und sie kam und ging im Hause, wie sie mochte – empfing an ihrem Teetisch, wen sie wollte …

Aber sie schüttelte den Kopf und hob die Hand ein wenig, als schiebe sie etwas Unsichtbares von sich. Das genügte. Um ihre Gestalt schwebte die Stimmung einer ewigen Entsagung und zugleich etwas so Weiches, in Empfindung Vergehendes, dass der heißeste und härteste Manneswille vor ihr zerschmolz bis zu schmerzlich-süßer Vereinigung zweier Seelen in sehnsuchtsvollem Verzicht.

Nataly von Necker seufzte leise – es war fast ein Seufzer des Glückes – bei diesen Erinnerungen.

Alle waren ihre Freunde geworden – ihre guten, treuen und ergebenen Freunde. Und wie lange hatte sie keinen von ihnen gesehen …

Um diese Stunde pflegte sie niemals allein in ihrem Salon zu sitzen … Entweder es kamen gleichgültige Bekannte und die Schar ihrer Getreuen war vollzählig darunter. Oder es gab ein tête-à-

tête in schwülen, gefährlichen Stimmungen, über die sie gleichsam mit einer geistigen Balancierstange auf ganz dünnem Seile hinwegzugaukeln wusste, den Siegerkitzel im Herzen, so hoch über dem Abgrund zu schweben, aus dem ein anderer in stummer Pein die sehnenden Arme hob. Aber oft verging auch ihr fast der Atem dabei …

Und dann die tödliche Langeweile der Trauerzeit. Und der ganze endlose Sommer auf dem Gut der Schwester, bei den vielen kleinen Neffen und Nichten. Sie liebte ja das Landleben – aber doch noch mehr von der Stadt aus, hatte Doktor Schneider sie einmal in seiner sarkastischen Weise geneckt.

Dass er nicht dort drüben im Schatten an der Tür zum Nebenzimmer lehnte, von wo aus seine Bemerkungen wie Blitzschläge in die Plauderei vor dem Kamin niedergezuckt waren …

Das kahle Zimmer bei ihrer Ankunft – so ungewohnt leer – ohne Blumen, ohne den Duft aus den Veilchensträußen des guten Legationsrates …

Frau von Necker lächelte nicht mehr melancholisch, sondern ganz erwartungsvoll und beinahe übermütig.

Wenn Walther Scharling nur ahnte, dass sie hier säße – allein ... Wie er da eilen und fliegen würde, irgendeine fabelhafte Sezessionslilie oder Orchidee aufzutreiben, um sie zu begrüßen. Dann konnte sie gleich beginnen, ihm mütterlich-schwesterliche Ermahnungen wegen seiner Extravaganzen zu machen, er würde sie in einem seiner Anfälle von Kindlichkeit um ihre Meinung über seine neueste Halsbinde bitten ... Sie sah ihn noch, wie er einmal vor ihr kniete und sie ihm den Knoten geschmackvoller ordnete, während der Legationsrat als Begleitung ein undeutliches Eifersuchtsgemurmel hören ließ.

So wäre man gleich wieder im alten Gleise.

Oder doch nicht? Nein, nein – in demselben Gleise sicher nicht.

Etwas Neues lauerte auf sie. Mit angehaltenem Atem spürte sie, wie es in der ungewohnten Stille, die sie umgab, sich vorbereitete. Neue, noch nie empfundene Erregungen, Eindrücke, Empfindungen ...

Mit Augen, in denen ein neues glänzendes Leben erwachte, blickte sie umher.

Kapitel 6

Es gibt kein Wunder für den, der sich nicht wundern kann.

Marie von Ebner-Eschenbach

Virginia Woolf

Lappin und Lapinova

Sie waren getraut. Der Hochzeitsmarsch verklang. Die Tauben flatterten. Kleine Jungen in Eton-Blazern warfen Reis; ein Foxterrier trottete über den Weg; und Ernest Thorburn führte seine Braut zum Wagen, mitten durch die kleine neugierige Schar völlig fremder Menschen, die sich in London immer findet, um sich am Glück oder Unglück anderer Leute zu erfreuen. Zweifellos sah er gut aus und sie schüchtern. Mehr Reis wurde geworfen, und der Wagen fuhr davon.

Das war am Dienstag. Jetzt war Samstag. Rosalind musste sich erst noch daran gewöhnen, dass sie Mrs. Ernest Thorburn war. Vielleicht würde sie sich nie daran gewöhnen, Mrs. Ernest Irgendwer zu sein, dachte sie, während sie im Erkerzimmer des Hotels am Fenster saß, über den See auf die Berge blickte und darauf wartete, dass ihr Mann zum Frühstück herunterkam. Ernest war ein Name, an den man sich nur schwer gewöhnen konnte. Es war nicht der Name, den sie sich ausgesucht hätte. Ihr wären Timothy, Antony oder Peter lieber gewesen. Er sah auch gar nicht aus wie Ernest. Der Name erinnerte an das Albert Memorial, an Mahagonibuffets, an Stahl-Stiche vom Prinzgemahl und seiner Familie, kurz an das Esszimmer ihrer Schwiegermutter in der Porchester Terrace.

Aber da war er ja. Gott sei Dank sah er nicht aus wie Ernest – oh nein. Aber wie dann? Sie sah ihn kurz von der Seite an. Also, wenn er Toast aß, sah er aus wie ein Kaninchen. Nicht dass man tatsächlich eine Ähnlichkeit hatte sehen können zwischen einem so winzigen scheuen Wesen und diesem adretten muskulösen jungen Mann mit der geraden Nase, den blauen Augen und dem entschlossenen Mund. Aber das machte die Sache nur noch interessanter. Seine Nase zuckte ein kleines bisschen, wenn er aß. Wie die Nase ihres Kaninchens. Sie beobachtete weiter, wie seine Nase zuckte; und als er sie dann dabei ertappte, wie sie ihn ansah, musste sie erklären, warum sie lachte.

„Weil du wie ein Kaninchen bist, Ernest", sagte sie. „Wie ein Wildkaninchen", fügte sie hinzu und sah ihn an. „Ein Kaninchen auf der Jagd; ein Königskaninchen; ein Kaninchen, das Gesetze aufstellt für alle anderen Kaninchen."

Ernest hatte nichts dagegen, diese Art von Kaninchen zu sein, und da sie es lustig fand, wenn seine Nase zuckte – er hatte nicht gewusst, dass seine Nase zuckte –, ließ er sie absichtlich zucken. Und sie lachte und lachte; und er lachte auch, so dass die altjüngferlichen Damen und der Angler und der Schweizer Kellner in seinem schmierigen schwarzen Jackett es alle errieten; die beiden waren sehr glücklich. Aber wie lange dauert ein solches Glück?, fragten sie sich; und ihre Antworten entsprachen den je eigenen Lebensumständen.

Zur Mittagszeit saß Rosalind auf einem Büschel Heidekraut am See und sagte: „Salat, Kaninchen?" Dabei hielt sie ihm die Salatblätter hin, die zu harten Eiern gegessen werden sollten. „Komm, friss sie mir aus der Hand", fügte sie hinzu, und er streckte sich vor und mummelte den Salat und zuckte mit der Nase.

„Gutes Kaninchen, liebes Kaninchen", sagte sie und streichelte ihn, wie sie zu Hause ihr zahmes Kaninchen immer gestreichelt hatte. Aber das war absurd. Er war kein zahmes Kaninchen, was er auch immer sonst sein mochte. Sie übersetzte es ins Französische. „Lappin" nannte sie ihn. Aber was er auch immer sonst sein mochte, ein französisches Kaninchen war er nicht. Er war durch und durch englisch – geboren in der Porchester Terrace, erzogen in Rugby; und jetzt Staatsbeamter in Diensten Seiner Majestät. Also versuchte sie es als nächstes mit „Häschen", aber das ging erst recht nicht. Ein „Häschen" war ein rundlicher, weicher komischer Mensch; er war dünn und hart und ernst. Und doch zuckte seine Nase.

„Lappin", rief sie plötzlich; und stieß einen kleinen Schrei aus, als hätte sie genau das Wort gefunden, nach dem sie gesucht hatte.

„Lappin, Lappin, König Lappin", wiederholte sie. Es schien genau auf ihn zu passen, er war nicht Ernest, er war König Lappin. Warum? Sie wusste es nicht.

Wenn es auf ihren langen einsamen Spaziergängen keinen neuen Gesprächsstoff mehr gab – und es regnete, wie alle warnend vorhergesagt hatten; oder wenn sie, weil es kalt war, abends am Kamin saßen, und die altjüngferlichen Damen fort waren und der Angler auch, und der Kellner nur kam, wenn man nach ihm klingelte, ließ sie ihrer Phantasie freien Lauf und erfand die Geschichte des Lappin-Stammes. Unter ihren Händen – während sie nähte und er las – wurden die Lappins sehr wirklich, sehr lebendig, sehr lustig. Ernest legte die Zeitung weg und half ihr. Es gab die schwarzen Kaninchen und die roten; es gab die feindlich und die freundlich gesinnten. Es gab den Wald, in dem sie lebten, und das umliegende Grasland und den Sumpf. Vor allem aber gab es König Lappin, der keineswegs nur die eine Eigenheit besaß, mit der Nase zu zucken, sondern der mit der Zeit zu einem höchst charaktervollen Tier wurde; Rosalind fand immer neue Qualitäten in ihm. Vor allem aber war er ein großer Jäger.

„Und was", sagte Rosalind am letzten Tag ihrer Flitterwochen, „hat der König heute gemacht?" In Wirklichkeit hatten sie eine lange Bergtour unternommen, und sie hatte eine Blase an der Ferse bekommen, aber das meinte sie nicht.

„Heute", sagte Ernest und zuckte mit der Nase, während er das Ende seiner Zigarre abbiss, „hat er einen Hasen gejagt." Er hielt inne; zündete ein Streichholz an und zuckte wieder.

„Eine Häsin", fügte er hinzu.

„Eine weiße Häsin!", rief Rosalind aus, als hätte sie damit gerechnet. „Eine ziemlich kleine Häsin; silbergrau mit großen, hellen Augen?"

„Ja", sagte Ernest und sah sie so an, wie sie ihn angesehen hatte, „ein eher kleines Tier; mit hervortretenden Augen und zwei herabhängenden Vorderpfoten." Genau so saß sie da, mit ihrem Nähzeug, das von ihren Händen herabhing; und ihre Augen, die so groß und hell waren, standen zweifellos ein wenig hervor.

„Ach, Lapinova", murmelte Rosalind.

„Heißt sie so?", fragte Ernest, „die echte Rosalind?" Er sah sie an. Er war sehr in sie verliebt.

„Ja, so heißt sie", sagte Rosalind. „Lapinova." Und bevor sie in dieser Nacht zu Bett gingen, war alles genau geregelt. Er war König Lappin; sie war Königin Lapinova. Sie waren das genaue Gegenteil voneinander; er war kühn und entschlossen; sie vorsichtig und unzuverlässig. Er herrschte über die geschäftige Welt der Kaninchen; ihre Welt war ein verlassener, geheimnisvoller Ort, den sie meist bei Mondschein durchstreifte. Trotzdem berührten sich ihre Reviere; sie waren König und Königin.

Als sie aus den Flitterwochen zurückkamen, besaßen sie also eine private Welt, in der bis auf den weißen Hasen nur Kaninchen wohnten. Niemand ahnte etwas von diesem Ort, und das machte das Ganze natürlich noch amüsanter. Das Gefühl, gegen den Rest der Welt verbündet zu sein, war bei ihnen noch ausgeprägter als bei den meisten jungverheirateten Paaren. Oft sahen sie sich heimlich an, wenn von Kaninchen und Wäldern und Fallen und vom Schießen die Rede war. Oder sie zwinkerten sich verstohlen über den Tisch zu, wenn Tante Mary sagte, sie könne keinen Hasen in einer Schüssel liegen sehen – er sehe aus wie ein Baby; oder wenn John, Ernests sportlicher Bruder, ihnen erzählte, welchen Preis Kaninchen diesen Herbst in Wiltshire erzielten, samt Fell und allem. Manchmal, wenn sie einen Wildhüter brauchten oder einen Wilddieb oder einen Gutsherrn, machten sie sich einen Spaß daraus, diese Rollen auf ihre Freunde zu verteilen. Ernests Mutter, Mrs. Reginald

Thorburn, passte zum Beispiel hervorragend in die Rolle des Squire. Aber all das war geheim – das war das Entscheidende; niemand außer ihnen wusste von der Existenz dieser Welt.

Wie hätte sie ohne diese Welt, fragte sich Rosalind, diesen Winter überhaupt überstehen können? Da war zum Beispiel die goldene Hochzeit, zu der sich alle Thorburns in der Porchester Terrace zusammenfanden, um den fünfzigsten Jahrestag dieser Verbindung zu feiern, die so gesegnet gewesen war – hatte sie nicht Ernest Thorburn hervorgebracht! – und so fruchtbar – hatte sie nicht neun weitere Söhne und Töchter obendrein hervorgebracht, von denen viele verheiratet und ebenfalls fruchtbar waren? Sie hatte Angst vor diesem Fest. Aber es war unausweichlich. Als sie nach oben ging, wurde ihr schmerzlich bewusst, dass sie ein Einzelkind und noch dazu eine Waise war; ein bloßer Tropfen unter all diesen Thorburns, die in dem großen Salon mit der glänzenden Satintapete und den schimmernden Familienporträts versammelt waren. Die lebenden Thorburns sahen den gemalten sehr ähnlich; nur dass sie statt gemalter Münder echte Münder hatten, aus denen Späße kamen; Späße aus der Schulzeit, wie sie der Hauslehrerin den Stuhl weggezogen hatten; Späße mit Fröschen, die sie unverheirateten Damen zwischen die jungfräulichen Laken gesteckt hatten. Was sie betraf, so hatte sie noch nicht einmal jemandem aus Spaß die Betttücher verknotet.

Mit ihrem Geschenk in der Hand ging sie auf ihre Schwiegermutter zu, die in gelbem Satin prangte; und auf ihren Schwiegervater, der mit einer sattgelben

Nelke dekoriert war. Überall auf den Tischen und Stühlen um sie herum lagen Achtungsbekundungen aus Gold; manche in Watte eingebettet; andere prächtig wuchernd – Kerzenleuchter; Zigarrenkisten; Ketten; jedes Teil vom Goldschmied mit einem Stempel für solides, echtes, auf den Feingehalt geprüftes Gold versehen. Sie aber hatte als Geschenk nur eine kleine Büchse aus Tombak, in die Löcher gebohrt waren; einen alten Sandstreuer, ein Relikt aus dem 18. Jahrhundert, das man einst benutzte, um Sand auf die nasse Tinte zu streuen. Ein ziemlich sinnloses Geschenk, fand sie – im Zeitalter des Löschpapiers; und als sie es überreichte, sah sie die schwarze Stummelschrift vor sich, in der ihre Schwiegermutter zu ihrer Verlobung der Hoffnung Ausdruck verliehen hatte, „dass mein Sohn dich glücklich machen wird".

Nein, sie war nicht glücklich. Kein bisschen glücklich. Sie sah Ernest an, der stark wie ein Ladestock dastand, mit einer Nase, die aussah wie alle Nasen auf den Familienporträts; einer Nase, die überhaupt nie zuckte.

Dann gingen sie hinunter zum Dinner. Sie saß halb verdeckt hinter den großen Chrysanthemen, die ihre rot-goldenen Blütenblätter zu großen festen Kugeln rollten. Alles war golden. Eine goldumränderte Karte mit verschlungenen goldenen Initialen rezitierte die Liste aller Gänge, die sie nacheinander vorgesetzt bekommen würden. Sie tauchte ihren Löffel in einen kleinen Teller mit einer klaren goldenen Flüssigkeit. Der nasskalte weiße Nebel draußen war von den Lampen in ein Goldgeflecht verwandelt worden, das die Tellerränder verschwimmen ließ und den Ananasfrüchten eine raue goldene Schale verlieh. Nur sie selbst, die in ihrem weißen Hochzeitskleid mit ihren vorstehenden Augen vor sich hinspähte, schien unauflösbar wie ein Eiszapfen zu sein.

Im Laufe des Dinners jedoch wurde der Raum dampfig heiß. Schweißperlen standen den Männern auf der Stirn. Sie fühlte, wie ihr Eiszapfen sich in Wasser verwandelte. Sie zerschmolz, zerstob, löste sich auf in nichts; und würde bald ohnmächtig werden.

Da hörte sie durch das Wogen in ihrem Kopf und das Getöse in ihren Ohren eine Frauenstimme rufen, „Aber sie vermehren sich so!"

Die Thorburns – ja, sie vermehren sich so, sprach sie nach; und betrachtete all die runden roten Gesichter, die sich in dem Schwindel, der sie überkam, verdoppelt zu haben schienen; und vergrößert, in dem goldenen Nebel, der sie mit einem Strahlenkranz umgab. „Sie vermehren sieh so!" Da brüllte John: „Die Teufelsbrut! … Totschießen sollte man die! Mit den Stiefeln zerstrampeln! Anders wird man mit denen nicht fertig. … Kaninchen!"

Bei diesem Wort, diesem magischen Wort, kam wieder Leben in sie. Sie lugte durch die Chrysanthemen und sah Ernests Nase zucken. Sie kräuselte sich, sie zuckte mehrmals hintereinander. Und da brach eine geheimnisvolle Katastrophe über die Thorburns herein. Die goldene Tafel wurde zu einem Moor, wo der Stechginster in voller Blüte stand; das Stimmengewirr verwandelte sich in ein einziges schallendes Juxgelächter, das vom Himmel herabtönte. Es war ein blauer

Himmel – die Wolken zogen langsam dahin. Und sie waren alle verwandelt – die Thorburns. Sie sah ihren Schwiegervater an, einen heimlichtuerischen kleinen Mann mit gefärbtem Schnurrbart.

Er hatte eine Schwäche fürs Sammeln – Siegel, Emailledosen, Kleinigkeiten von Toilettentischen aus dem 18. Jahrhundert, die er in den Schubladen seines Arbeitszimmers vor seiner Frau versteckte. Jetzt sah sie ihn, wie er war – ein Wilddieb, der sich davonstahl, den Mantel prall gefüllt mit Fasanen und Rebhühnern, die er heimlich in seiner verrauchten kleinen Hütte in einen dreifüßigen Topf fallen ließ. Das war ihr wirklicher Schwiegervater – ein Wilddieb. Und Celia, die unverheiratete Tochter, die immer die Geheimnisse anderer Menschen herausschnüffelte, die kleinen Dinge, die sie verbergen wollten – sie war ein weißes Frettchen mit rosa Augen und einer Nase, die von ihren schrecklichen Schnüffeltouren unter Tage erdverkrustet war. In einem Netz von Männerschultern herabbaumeln und in ein Loch hinabgestoßen werden – es war ein bedauernswertes Leben – Celias Leben; es war nicht ihre Schuld. So sah sie Celia.

Und dann sah sie ihre Schwiegermutter an – die sie den Squire getauft hatten. Rot, derb, ein Tyrann – sie war all das, wie sie so stand und sich bedankte, aber als Rosalind – das heißt Lapinova – sie jetzt sah, sah sie den zerfallenen Familiensitz hinter ihr, den Putz, der von den Wanden blätterte, und hörte, wie sie mit einem Schluchzen in der Stimme ihren Kindern (die sie hassten) für eine Welt dankte, die nicht mehr existierte. Plötzlich wurde es still. Sie alle standen mit erhobenen Gläsern da; sie alle tranken; dann war es vorüber.

„Oh, König Lappin!", rief sie, als sie zusammen im Nebel nach Hause fuhren, „wenn deine Nase nicht genau in dem Moment gezuckt hätte, hätte ich in der Falle gesessen!"

„Aber du bist in Sicherheit", sagte König Lappin und drückte ihre Pfote.

„Völlig in Sicherheit", antwortete sie.

Und sie fuhren zurück durch den Park, König und Königin des Sumpfs, des Nebels und des Moors, das nach Ginster duftete.

So verging die Zeit; ein Jahr; zwei Jahre. Und an einem Winterabend, der zufällig mit dem Jahrestag der goldenen Hochzeit zusammenfiel – aber Mrs. Reginald Thorburn war tot; das Haus war zu vermieten; und es wohnte nur noch ein Hausmeister dort –, kam Ernest aus dem Amt nach Hause. Sie hatten ein hübsches kleines Heim; die Hälfte eines Hauses über einer Sattlerei in South Kensington, nicht weit von der U-Bahn-Station. Es war kalt, die Luft war neblig und Rosalind saß am Kamin und nähte.

„Stell dir vor, was mir heute passiert ist", begann sie, sobald er es sich bequem gemacht und die Beine vor dem Feuer ausgestreckt hatte. „Ich überquerte gerade den Bach, als –"

„Welchen Bach?", unterbrach sie Ernest.

„Den Bach unten, wo unser Wald an den schwarzen Wald grenzt", erklärte sie.

Ernest sah sie einen Augenblick lang völlig verständnislos an. „Wovon zum Teufel redest du?", fragte er.

„Aber Ernest!", rief sie bestürzt. „König Lappin", fügte sie hinzu und ließ ihre kleinen Vorderpfoten im Schein des Feuers baumeln. Aber seine Nase zuckte nicht. Ihre Hände – sie wurden wieder zu Händen – hielten den Stoff umklammert; die Augen traten ihr halb aus dem Kopf. Er brauchte mindestens fünf Minuten, um sich von Ernest Thorburn in König Lappin zu verwandeln; und während sie wartete, fühlte sie etwas Schweres hinten im Genick, als wolle ihr es jemand brechen. Schließlich verwandelte er sich in König Lappin; seine Nase zuckte; und sie streiften den ganzen Abend durch die Wälder, ganz wie sonst auch.

Aber sie schlief schlecht. Mitten in der Nacht wachte sie mit dem Gefühl auf, dass ihr etwas Seltsames widerfahren sei. Sie war steif und fror. Schließlich machte sie Licht und sah Ernest an, der neben ihr lag. Er schlief fest. Er schnarchte. Aber obwohl er schnarchte, blieb seine Nase vollkommen ruhig. Sie sah aus, als hatte sie gar nie gezuckt. War es möglich, dass er wirklich Ernest war; und dass sie wirklich mit Ernest verheiratet war? Sie sah das Esszimmer ihrer Schwiegermutter plötzlich vor sich; und dort saßen sie, sie und Ernest, gealtert, unter den Stahlstichen, vor dem Buffet … Es war ihr goldener Hochzeitstag. Sie konnte es nicht ertragen.

„Lappin, König Lappin!“, flüsterte sie, und einen Augenblick lang schien seine Nase ganz von selbst zu zucken. Aber er schlief weiter. „Wach auf, Lappin, wach auf!“, rief sie.

Ernest erwachte; und als er sie kerzengerade neben sich sitzen sah, fragte er: „Was ist los?“

„Ich hab gedacht, mein Kaninchen ist tot!“, wimmerte sie.

Ernest war wütend.

„Red nicht solchen Unsinn, Rosalind“, sagte er. „Leg dich hin und schlaf.“

Er drehte sich auf die andere Seite. Im nächsten Augenblick war er fest eingeschlafen und schnarchte.

Aber sie konnte nicht schlafen. Sie lag zusammengerollt auf ihrer Betthälfte, wie ein Hase in seinem Lager. Sie hatte das Licht ausgemacht, aber die Zimmerdecke wurde von der Straßenlaterne schwach beleuchtet und von den Bäumen draußen mit einem Spitzenmuster bedeckt, so als befände sich ein schattiges Wäldchen an der Decke, in dem sie umherwanderte, sich drehend und wendend, hinein und hinaus und rundherum, auf der Jagd und gejagt, das Hundegebell und die Hörner im Ohr; fliehend, flüchtend … bis das Dienstmädchen den Vorhang aufzog und den Morgentee brachte.

Am nächsten Tag konnte sie sich auf nichts konzentrieren. Sie schien etwas verloren zu haben. Sie fühlte sich, als wäre ihr Körper geschrumpft; er war klein geworden und schwarz und hart. Auch schienen ihre

Gelenke steif zu sein, und als sie in den Spiegel schaute, was sie mehrmals tat, wenn sie in der Wohnung umherging, schienen ihr die Augen aus dem Kopf zu springen, wie die Rosinen in einem Rosinenbrötchen. Die Zimmer schienen ebenfalls geschrumpft zu sein. Große Möbelstücke standen in merkwürdigem Winkel hervor, und sie stieß sich immer wieder an ihnen. Schließlich setzte sie ihren Hut auf und ging hinaus. Sie ging die Cromwell Road entlang; und jedes Zimmer, an dem sie vorbeikam und in das sie spähte, schien ein Esszimmer mit dicken gelben Spitzenvorhängen und Mahagonibuffets zu sein, in dem Menschen unter Stahlstichen beim Essen saßen. Endlich gelangte sie zum Naturkundemuseum; als Kind war sie dort immer gern gewesen. Aber das erste, was sie sah, als sie jetzt hineinging, war ein ausgestopfter Hase, der mit rosaroten Glasaugen auf Kunstschnee stand. Davon zitterte sie irgendwie am ganzen Körper. Vielleicht würde es besser werden, wenn es dunkelte. Sie ging nach Hause und setzte sich an den Kamin, ohne Licht, und versuchte sich vorzustellen, sie sei allein draußen in einem Moor; und ein Bach rausche vorbei; und jenseits des Baches sei ein dunkler Wald. Aber sie gelangte nicht über den Bach hinaus. Schließlich hockte sie sich ans Ufer auf das nasse Gras und saß zusammengekauert in ihrem Stuhl, die Hände baumelten leer und ihre Augen wirkten glasiert, wie Glasaugen, im Feuerschein.

Dann krachte plötzlich ein Gewehr … Sie erschrak, als wäre sie erschossen worden. Es war nur Ernest, der den Schlüssel im Schloss umdrehte. Sie wartete zitternd. Er kam herein und schaltete das Licht an.

Da stand er, groß und gutaussehend, und rieb sich die Hände, die vor Kälte rot waren.

„Du sitzt im Dunkeln?", sagte er.

„Ach Ernest, Ernest!", rief sie und sprang von ihrem Sessel auf.

„Was ist denn jetzt los?", fragte er energisch, während er sich die Hände am Feuer wärmte.

„Es ist wegen Lapinova …", stammelte sie und blickte ihn aus ihren großen erschrockenen Augen wild an.

„Sie ist weg, Ernest, ich hab sie verloren!"

Ernest runzelte die Stirn. Er presste die Lippen fest zusammen. „Ach, das ist es also?", sagte er und lächelte seine Frau ziemlich grimmig an. Zehn Sekunden lang stand er schweigend da; und sie wartete und fühlte, wie sich Hände immer fester in ihrem Genick schlossen.

„Ja", sagte er schließlich. „Arme Lapinova …" Er zog sich vor dem Spiegel über dem Kaminsims die Krawatte gerade.

„In die Falle gegangen", sagte er, „getötet", und setzte sich und las Zeitung.

Das also war das Ende dieser Ehe.

Charlotte Brontë

Jane Eyre

Das Bibliothekszimmer sah sehr friedlich aus, als ich eintrat, und die Sibylle – wenn sie wirklich eine Sibylle war – saß ganz ruhig und bequem in einem Lehnstuhl vor dem Kaminfeuer. Sie trug einen roten Mantel und einen schwarzen Hut und schien beim Schein des Kaminfeuers in einem kleinen, schwarzen Buche zu lesen, das fast aussah wie ein Gebetbuch. Sie murmelte die Worte vor sich hin, wie alte Frauen es oft zu tun pflegen, wenn sie lesen. Auch hörte sie nicht sofort bei meinem Eintritt mit dieser Beschäftigung auf. Es sah fast aus, als wolle sie den Paragraphen noch zu Ende lesen.

Ich stand auf dem Teppich vor dem Kamin und wärmte meine Hände, die fast erstarrt waren, weil ich in dem Gesellschaftszimmer in beträchtlicher Entfernung von dem Kaminfeuer gesessen hatte. Ich war jetzt bereits so ruhig geworden, wie ich es sonst zu sein pflegte; in der Tat, in der äußeren Erscheinung der Zigeunerin lag nichts, was die Ruhe eines Menschen hätte erschüttern können. Sie schlug das Buch zu und blickte langsam auf; der breite Rand ihres Hutes beschattete zum größten Teil das Gesicht, und doch konnte ich bemerken, als sie zu mir aufsah, dass es ein gar seltsames sei. Es war durchweg braun und schwarz. Verworrenes Haar quoll unter einer weißen Binde hervor, welche unter dem Kinn zusammentraf und die Backen oder vielmehr die Kinnbacken halb bedeckte. Ihr Auge blickte mich mit einem scharfen, kühnen, durchbohrenden Blicke sofort an.

„Nun, Sie wollen sich ebenfalls wahrsagen lassen?“, sprach sie mit einer Stimme, die ebenso bestimmt wie ihr Blick, ebenso hart wie ihre Züge war.

„Es liegt mir nicht viel daran, Mutter; tut wie Ihr wollt! Aber eins muss ich Euch vorher sagen: Ich habe keinen Glauben.“

„Diese Frechheit erwartete ich von Ihnen – ich erwartete sie. Ich hörte es in Ihrem Schritte, als Sie über die Schwelle traten.“

„Wirklich? Dann habt Ihr ein scharfes Ohr.“

„Ja; das habe ich. Und ein gar scharfes Auge! Und ein noch schärferes Gehirn.“

„Nun, das alles braucht Ihr auch notwendig für Euer Handwerk.“

„Das brauche ich. Besonders wenn ich mit solchen Kunden zu tun habe, wie Sie sind. Weshalb zittern Sie denn eigentlich nicht?“

„Mich friert nicht.“

„Weshalb werden Sie nicht blass?“

„Ich bin nicht krank.“

„Weshalb nehmen Sie meine Kunst denn nicht in Anspruch?“

„Ich bin nicht so albern.“

Die alte Hexe kicherte leise in ihre Bandagen hinein. Dann zog sie eine kurze, geschwärzte Pfeife hervor, zündete sie an und begann zu rauchen. Nachdem sie sich eine Weile an diesem Beruhigungsmittel gelabt hatte, richtete sie den gebeugten Körper in die Höhe, nahm die Pfeife aus dem Munde, und während sie unverwandt in das Feuer blickte, sagte sie ganz bedächtig und wohlüberlegt:

„Es friert Sie; Sie fühlen sich unwohl, und Sie sind albern."

„Beweist mir das", entgegnete ich.

„Das werde ich tun; mit wenigen Worten. Es friert Sie, weil Sie einsam sind; keine Berührung facht das Feuer, das in Ihnen glimmt, zur hellen Flamme an. Sie sind krank; weil das reinste der Gefühle, das höchste und süßeste, das dem Menschen in die Brust gelegt ist, Ihnen fern bleibt. Sie sind albern und dumm, weil Sie ihm kein Zeichen machen, sich auch Ihnen zu nähern – wie sehr Sie auch leiden mögen. Und Sie wollen auch keinen Schritt tun, um ihm dorthin entgegenzueilen, wo es Ihrer wartet."

Wiederum führte sie die kurze, schwarze Pfeife an die Lippen und begann in kräftigen Zügen zu rauchen.

„Ihr wisst, dass alles, was Ihr da sagt, ebenso gut auf jede andere passen würde, die einsam und in abhängiger Stellung in einem großen Hause lebt."

„Sagen könnte ich es wohl jeder – würde es aber auch auf jede passen?"

„Auf jede, die so lebt wie ich."

„Ja, das ist's; auf jede, die lebt wie Sie. Aber finden Sie doch noch eine, die so lebt."

„Es wäre eine Kleinigkeit, tausend solche zu finden."

„Es würde Ihnen schwer fallen, auch nur eine einzige zu finden. – Wissen Sie also: Ihre Lage ist eine ganz besondere; Sie stehen dem Glücke sehr nahe, ja, Sie brauchen nur die Hand danach auszustrecken. Das ganze Material zum Glück ist vorbereitet; es bedarf nur noch eines einzigen Zuges, um alles zusammenzufügen. Nur der Zufall hat es an getrennten Orten aufgehäuft. Lassen Sie es sich nähern – und das Ende wird Glück sein."

„Ich habe kein Verständnis für Rätsel. In meinem ganzen Leben war ich noch nicht imstande, eins zu lösen."

„Zeigen Sie mir Ihre Hand, wenn Sie wollen, dass ich deutlicher reden soll."

„Wahrscheinlich muss ich die Fläche mit Silber bedecken, nicht wahr, Mutter?"

„Natürlich."

Ich gab ihr einen Schilling; sie steckte ihn in einen alten Strumpf, den sie aus ihrer Tasche zog, und nachdem sie ihn zusammengebunden und in die Falten ihres Rockes zurückgeschoben hatte, gebot sie mir, die Hand auszustrecken. Ich tat, wie mir geheißen. Sie näherte ihr Gesicht der Handfläche und sah sie lange sinnend an ohne sie zu berühren.

„Sie ist zu schön und fein", sagte sie endlich. „Aus einer solchen Hand kann ich nichts lesen; sie hat fast gar keine Linien. Und außerdem – was kann eine Hand sagen? In ihr steht das Schicksal nicht geschrieben."

„Das glaube ich Euch wohl", sagte ich.

„Nein", fuhr sie fort, „im Gesicht steht es zu lesen, auf der Stirn, um die Augen herum, in den Augen selbst, in den Linien des Mundes. Knieen Sie nieder und heben Sie den Kopf empor."

„Ah! jetzt kommt Ihr der Wahrheit näher", sagte ich, indem ich tat, was sie verlangte. „Nun werde ich bald anfangen, Euren Worten ein wenig Glauben zu schenken."

Wenige Fußbreit von ihr war ich hingekniet. Sie begann das Feuer aufzurühren, so dass die verglimmenden Kohlen wiederum einiges Licht verbreiteten. Da sie aber saß, warf der Schein nur noch einen tieferen Schatten über ihr Gesicht, während das meine hell beleuchtet wurde.

„Ich möchte doch wissen, mit welchen Gefühlen Sie heute Abend zu mir ins Zimmer gekommen sind", sagte sie, nachdem sie meine Züge eine Weile hindurch geprüft hatte. „Ich möchte wissen, welche Gefühle in Ihrem Herzen geschäftig sind, wenn Sie so stundenlang in jenem prächtigen, strahlenden Gesellschaftszimmer sitzen und die vornehmen, eleganten Leute vor Ihren Blicken auf- und abflattern wie die Figuren in einer laterna magica. Zwischen Ihnen und jenen besteht doch gerade so wenig sympathische Gemeinschaft, als ob sie nur menschliche Schatten und nicht Gestalten aus Fleisch und Blut wären."

„Oft bin ich alles dessen müde; oft auch schläfrig; selten aber traurig."

„Dann nähren Sie also irgendeine geheime Hoffnung, die Sie erhebt und Sie mit ihren süßen Flüstertönen auf die Zukunft vertröstet?"

„Ich habe keine. Das höchste, was ich zu erhoffen wage, ist, dass ich einmal imstande sein werde, Geld zu ersparen, um mir ein kleines Haus mieten und darin eine Schule errichten zu können."

„Eine kärgliche Nahrung, um das Leben der Seele zu fristen! Und wenn Sie in jener Fenstervertiefung sitzen – – Sie sehen, ich kenne Ihr Leben bis in die kleinsten Details – –"

Else Lasker-Schüler

Die kreisende Weltfabrik

Wer auch nur in sich einen Baum oder einen Pfad gefunden hat, dem kommt die Stadt, in der er lebt, kaum in Betracht. Und erst recht gar nicht dem schaffenden Menschen, dem es vergönnt ist, vom Leuchtturm seines brausenden Herzens über eine Hauptstadt blicken zu dürfen, über Berlin, den unendlichen Häuseracker.

Es ist immerhin eine Schwäche, sich auf ein grünes Sofa zu platzieren, in irgendeiner Umgebung seine Idylle auszupacken. „Ruhevoll arbeiten zu können." Mit Vorliebe flüchten nach der – komfortablen Öde die Ästhetiker, eine Ode zu dichten; die Fotografen unter den Künstlern, die Plauschenden mit der Glacéhandschuhhaut. Irgendein Freund besitzt ein Landhäuschen, darin sie den vorlauten Lenz ihrer Literatur bewältigen. – Von Ferne ziehen Wanderfledermäuse an ihren Gärten vorbei in griechischen Hüllen; Sandalenstrippen flattern vor den Beinen, und ihren Lippen entquillt reiche Poesie, die sie in Netzen tragen, Frucht der Erkenntnisse. – Donnerwetter, mutig ist es eben, mitten in der Stadt sich unter Verschiedenart der Menge zu begeben. Wir Künstler sind doch Erschaffende, in uns liegt das Material. Zieht sich Gott etwa auf ein Dorf zurück? Wie der ästhetisch Schaffende – seine Romanseele lüftet auf der Weide in Worpswede oder Lüneburger Heide. Oder wie durch Vorstadt

Maie, Amadeus Müller führet sein Naturhaar durch das Freie …

Dieses Berlin, kreisende Weltfabrik. Tempo: auf Rollen laufen die Einwohner, entnerven oder verstehen sich zu entorganisieren, vermögen maschinell zu werden. Immerhin bitte, sympathischer als die Kleinstädter (Anwesende ausgenommen), die auf den Leibern kriechen. – Glühender bewillkommnet man hier den menschgebliebenen Menschen, der sich die Räder wieder von den Schuhen abschnallen kann; seine Prüfung, die die Großstadt ihm auferlegt. Besteht er sie, bleibt er lebendig – zeugt für seinen Wert. Wie bei dem Geld. Der Reiche braucht keineswegs ein Teufel werden, gar ein sentimentaler Kassenschrank, ein weinseliger Barbar. Attention!! An dem aber, der seinen „seelischen" Reichtum nicht zu verströmen vermag, an dem kalten „Satan" erfriert die ewige Seele. Meine Liebe zu der Stadt Berlin, zu allen großen Städten, schließt natürlich meine Liebe zu den Wiesen und Wäldern keineswegs aus. Ich entzücke mich wie keine Zweite über alles, was wächst auf der Erde, und sammle die Eicheln und Kastanien und Beeren, alle die blühenden Spielsachen auf den Wegen und bewahre den Grashalm vor der Brutalität des Trittes. Das Wasser ist mein Spielgefährte, mit seinen Muscheln und seinem Tang. Aber zum Dichten und Zeichnen habe ich mich vor allen Dingen und von allen Dingen am nötigsten. Vergeblich harre ich auf mich, auf meinen Morgen. Welche Liebe wird über mein Herz scheinen und mir die Blüte des Worts entlocken: die Dichtung.

Lange habe ich nichts mehr von den Weinbergen meines Lebens gepflückt, und doch atme ich denselben Atem. Hat die harte Zeit mein Herz asphaltiert oder blies realer Hauch ihre Sonne aus? Ich tappe im Dunkel.

Die große Stadt, überhaupt keine Stadt, noch ein Dorf jedes Erdteils haben irgend mit einer Produktion zu tun; aber der Mensch, oft ein einziger Mensch. Aus unserer großen Stadt schallt der Schrei, das Getöse der Technik; die Furcht vor dem Tode trägt ein warnendes Gesicht hinter geschminkten leeren Masken, die Sehnsucht aber steigt sofort in den Mond. Unsere Stadt Berlin ist stark und furchtbar, und ihre Flügel wissen, wohin sie wollen. Darum kehrt der Künstler – doch immer wieder zurück nach Berlin, hier ist die Uhr der Kunst, die nicht nach, noch vor geht. Diese Realität ist schon mystisch.

Nicht zu überwinden ist des Freundes Abfall, eine Operation, man läuft Gefahr zu verbluten. Selbst mein und sein Haus waren mit Nerven verbunden. Mein Herz feiert Begräbnis. Freundschaft in der Großstadt: des Künstlers Trost, Liebe aber seine Offenbarung, Himmelfahrt. Nur diese Reise hat der Künstler zum Schaffen nötig.

Marie Luise Kaschnitz

Sommergarten

Welch strahlende Lebensfreude, welch stürmisches Drängen atmet ein früher Sommermorgen! Noch funkeln die Tautropfen in allen Regenbogenfarben im Gras, noch strahlen die Mauern die Kühle der Nacht aus, schon erheben sich die Falter und taumeln von Blüte zu Blüte, schon summen die Bienen und zwitschern die Vögel im Laub. Immer heißer scheint die Sonne, und die Blumen und Blätter trinken ihr Licht wie einen köstlichen Trank, der sich in ihnen verwandelt in Lebensfeuer und Kraft. Auch auf die noch geschlossenen Blüten strahlt die Sonne immer heißer herab, und es ist, als wolle sie sie auffordern, nicht länger zu warten mit dem Blühen. Da zögern diese noch eine Weile, weil es so schön dämmrig ist in ihrem Haus und so still, und weil man nicht wissen kann, was geschieht in der wilden lärmenden Welt. Aber bald werden auch sie von großer Unruhe erfasst. Ihre Kelchblätter bedrängen und drücken sie, ihre Blütenblätter breiten sich aus und bilden einen leuchtenden Kelch. Von Goldstaub bedeckt, richten sich die Staubgefäße auf und umringen den schlanken Stempel, der den Fruchtknoten trägt. Jetzt steht die Blüte offen, der heiße Sommerwind umweht sie und über ihr ist der tiefblaue Himmel und die Sonne wie ein goldenes Schild.

Einen Augenblick lang bleibt die Blume ganz still. Dann aber ist es für immer vorbei mit ihrer Ruhe. Denn jetzt kommen die geflügelten Tiere zu ihr, die einst wie sie selbst in der dunklen Erde waren und nun verwandelt sind in Geschöpfe des Lichts. Die schwarzen Hummeln kommen, die goldenen Bienen und die strahlenden Falter, und, von einem dunklen Mal angelockt, finden sie den Honigsee in der Tiefe der Blüte.

Während aber die bunten Falter über sie hinwegschweben und mit ihrem langen Rüssel nur ein wenig von dem Honig naschen, lassen sich die Bienen und Hummeln auf ihr nieder, so wild und heftig, dass ihr Stiel zu schwanken beginnt und ihre Blätter erbeben. Sie dringen in die Tiefe des Kelches, und von ihrem Summen ertönt die Blüte wie eine dumpfe Trommel. Von ihren Staubfäden fällt der Goldstaub, und sie zittert wie ein Halm im Sturm. Vielleicht ist dies alles sehr erschreckend für die schöne junge Blume, und vielleicht hat sie einen Augenblick lang das Gefühl, als möchte sie ihre Blüte schließen und zurückkehren in die Dunkelheit und Stille. Aber das tut sie nicht. Denn wenn auch ihre Wurzeln und ihre Stengel der dunklen Erde angehören, so ist doch ihre Blüte ein Teil des strahlenden Lichts, gerade wie die bunten Falter und die goldenen Bienen. Solange die Sonne am Himmel steht, wird sie sich immer weiter auftun und niemals glücklicher und schöner sein als zu dieser Zeit. Sie wird ihre wilden Gäste mit ihrem Blütenstaub überschütten, und diese werden ihr den Staub anderer ferner Blüten bringen, dessen sie bedarf, um ihre Frucht zu bilden.

Sarah Kirsch

Schwarzer Vogel

Wenn ich mit dem Hollandrad das nicht zu bremsen ist aus den umgebenden Mooren rolle die Brombeerkanne am Lenker und dieses Haus vor mir sehe die altmodischen Rosen an den Spalieren die tanzenden kurzen Gardinen die goldenen Klingelschilder und Katzen hinter den Scheiben würde ich sagen wenn ich nicht wüßte daß es um meins sich handelt hier müssen glückliche Leute wohnen. Ich rede mit vollgefressenen Elstern die mir die Wäscheleine besetzen daß ich gewaschene Stücke nur noch über den Zaun hängen kann und habe im ersten Sommer in diesem Garten stürzender Bäume zwischen zwei Apfelbissen zu viel schon gewußt und neue Nachricht erhalten aber wenn ich schon anwesend bin tue ich alles was ich mir vor Jahren gewünscht hab gerate in Eifer wenn ich den Schafen die Ställe ausmiste im frischgefallenen Schnee mit ihnen trabe. Gegen Langeweile kann ich Länder verwechseln ein geringes Anwesen haben darauf Leben zu spielen ich schüttele mich vor Lachen weil alles so gut gelungen erscheint als wäre das ein herrliches Haus mit lebendigen Schafen davor obwohl es auch Kopien sein können unterirdisch durch Seile auf Rollen bewegt, ein älteres Kind steigt kurz vor dem Zaun aus dem Schulbus mit glänzenden Augen es ist mein Kind spricht mit verhaltener Stimme hübsche Sätze und alles sieht so echt wie im wirklichen

Leben aus der Schlepper Skylla zieht seine Bahn auf dem Fluß das flechtenbewachsene Dach wird von wiederkehrenden Schwalben erkannt wenn sie die Nester verteiln und ich kann mühelos diesen gescheiterten Autodidakten in puncto Leben vergessen der sich einem schwarzen Vogel verglich als er vor Jahren auf einer Flughafentreppe zurückblieb während ich abhob in einen streckenweise bekannten Film mit völlig belanglosen Worten.

Selma Lagerlöf

Die Sage von Jämtland

Zu jenen Zeiten, als es noch Riesen in Jämtland gab, geschah es einmal, dass ein alter Bergriese auf dem Hof vor seinem Hause stand und seine Pferde striegelte. Während er hiermit beschäftigt war, sah er, dass die Pferde vor Angst zu zittern begannen.

„Was fehlt euch nur einmal, meine Pferde?", sagte der Riese und sah sich um; er wollte gern wissen, was die Pferde so erschreckt haben konnte. Es waren jedoch weder Wölfe noch Bären in der Nähe zu entdecken. Das einzige, was er sehen konnte, war ein Wandersmann, der lange nicht so groß und stark war wie er selbst, der aber doch recht ansehnlich war und gute Kräfte zu haben schien. Er war im Begriff, die Leiter hinaufzuklettern, die zu der Berghütte des Riesen führte. Kaum hatte der alte Bergriese den Wandersmann erblickt, als er von Kopf zu Fuß zitterte, so wie die Pferde. Er ließ sich nicht die Zeit, seine Arbeit zu vollenden, sondern eilte in die gute Stube zu dem Riesenweib, das dasaß und Werg auf einer Handspindel spann.

„Was hast du nur?", fragte das Weib. „Du bist ja so bleich wie ein Schneeberg."

„Sollte ich nicht bleich sein?", entgegnete der Riese. „Da kommt ein Wandersmann unten vom Wege herauf, und ich bin ebenso sicher, dass es Asa-Thor ist, wie du mein Weib bist."

„Das ist gerade kein willkommener Besuch“, meinte das Weib. „Kannst du seine Augen nicht verhexen, so dass er den ganzen Hof für einen Berg hält und an unserer Tür vorübergeht?“

„Jetzt ist es zu spät, das Zaubermittel anzuwenden“, sagte der Riese. „Ich kann hören, dass er die Pforte öffnet und den Hof betritt!“

„Dann will ich dir raten, dass du dich verborgen hältst, so dass ich ihn allein in Empfang nehmen kann“, sagte das Riesenweib schnell. „Ich will mein Bestes tun, dass er nicht so bald wiederkommt.“

Der Riese fand, dass dies ein außerordentlich guter Vorschlag war. Er ging in die Kammer, während die Frau in der guten Stube auf der Frauenbank sitzen blieb und so ruhig spann, als ahne sie keine Gefahr.

Man muss nun wissen, dass es in jenen Zeiten in Jämtland ganz anders aussah als heutigen Tages. Das ganze Land war nichts weiter als eine einzige große, flache Hochebene, die so kahl und nackt dalag, dass nicht einmal Tannenwald darauf wachsen konnte. Da war kein See, kein Fluss, da gab es keine Felder, in denen der Pflug gehen konnte. Nicht einmal die Berge und Felsenmassen, die jetzt über das ganze Land zerstreut liegen, waren zu jenen Zeiten da; sie standen alle weit weg, drüben im Westen aufgestellt. Menschen konnten nirgends in dem großen Lande leben, aber die Riesen fühlten sich dort umso wohler. Es war wohl kaum ohne ihren Willen und ihr Zutun, dass das Land so öde und ungastlich dalag, und es hatte sicher seine guten Gründe, wenn der Bergriese so beunruhigt wurde, als er Asa-Thor auf sein Haus zukommen sah.

Er wusste, dass die Asen denen nicht hold waren, die Kälte, Finsternis und Öde um sich verbreiteten und die Erde hinderten, reich und fruchtbar zu werden und sich mit menschlichen Wohnungen zu schmücken.

Das Riesenweib brauchte nicht lange zu warten, denn draußen vor dem Hause ertönten feste Schritte, und der Wanderer, den der Riese auf dem Wege gesehen hatte, riss die Tür auf und trat in die Stube. Der Fremde blieb nicht an der Tür stehen, wie die umherziehenden Leute zu tun pflegen, sondern er ging geradewegs auf die Frau zu, die im Innern der Stube an der Giebelwand saß. Es begab sich aber so, dass, als er glaubte, er sei ein gutes Stück gegangen, er nicht weiter als ein paar Schritte von der Tür entfernt war und noch eine lange Strecke bis zu der Feuerstätte hatte, die mitten in der Stube lag. Er machte längere Schritte, aber als er eine Weile gegangen war, wollte es ihm scheinen, als seien das Riesenweib und die Feuerstätte noch weiter von ihm entfernt als bei seinem Eintritt in die Stube. Anfangs war ihm das Haus gar nicht groß vorgekommen. Erst als er endlich bis an die Feuerstätte gelangt war, wurde es ihm so recht klar, wie ansehnlich es war, denn da war er so müde, dass er sich auf seinen Stab stützen musste, um auszuruhen. Als das Riesenweib sah, dass er stehen blieb, legte sie ihre Spindel hin, erhob sich von der Bank und war mit wenigen Schritten neben ihm.

„Wir Riesen lieben große Stuben“, sagte sie, „und mein Mann klagt oft darüber, dass es hier so beengt ist. Aber ich kann wohl begreifen, dass es für jemand, der keine längeren Schritte machen kann als du, anstrengend ist, durch die Riesenstube zu gehen. Lass mich jetzt hören, wer du bist und was du von uns Riesen willst."

Es schien fast, als wolle der Wanderer eine heftige Antwort geben, aber augenscheinlich wollte er sich nicht mit einer Frau auf Streit einlassen, denn er erwiderte ganz ruhig: „Mein Name ist Handfest, und ich bin ein Recke, der bei vielen Abenteuern mit dabei gewesen ist. Jetzt habe ich das ganze Jahr daheim auf meinem Hof gesessen, und ich hatte mich schon gefragt, ob da denn nie mehr etwas für mich zu tun sein würde, als ich die Menschen darüber reden hörte, dass ihr Riesen so schlecht für das Land hier oben sorgtet, dass niemand als ihr hier wohnen könnt. Ich bin nun gekommen, um mit deinem Mann über diese Sache zu reden und ihn zu fragen, ob er sich nicht darum kümmern will, dass hier bessere Ordnung geschafft wird."

„Mein Mann ist auf Jagd gegangen", sagte das Riesenweib, „und er muss dir selbst Antwort auf deine Frage geben, wenn er nach Hause kommt. Aber ich will dir doch sagen, dass wer mit solchen Fragen zu einem Bergriesen kommt, wahrlich ein größerer Mann sein sollte als du. Es wäre sicher am besten für deine Ehre, wenn du gleich wieder deiner Wege gingest, ohne mit dem Riesen zu reden."

„Nein, jetzt, wo ich einmal gekommen bin, will ich auch auf ihn warten", sagte der Mann, der sich Handfest nannte.

„Ich habe dir nach bestem Wissen geraten", entgegnete die Frau des Hauses, „du kannst jetzt tun, was du willst. Setze dich hier auf die Bank, dann will ich dir einen Willkommtrunk holen."

Das Riesenweib nahm nun ein gewaltiges Methorn und ging damit in den hintersten Winkel der Stube, wo das Metfass lag. Auch das erschien dem Gast nicht besonders groß, aber als das Weib den Spund herauszog, stürzte der Met mit einem Brausen in das Methorn, als sei ein ganzer Wasserfall in die Stube gekommen. Das Horn war bald gefüllt, aber als nun das Weib den Spund wieder in die Tonne stecken wollte, gelang ihr das nicht. Der Met brauste mit großer Kraft heraus, riss ihr den Spund aus der Hand und strömte auf den Estrich. Das Riesenweib machte abermals einen Versuch, den Zapfen einzustecken, aber es misslang ihr wieder.

Da rief sie den Fremden zu Hilfe: „Siehst du nicht, dass mir der Met ausläuft, Handfest? Komm doch her und steck den Spund in die Tonne hinein!"

Der Gast eilte sofort zu Hilfe. Er nahm den Spund und versuchte, ihn in das Spundloch hineinzuzwingen, aber der Met riß ihn wieder heraus, schleuderte ihn weit weg und überschwemmte den Estrich.

Handfest versuchte es einmal über das andere, aber es wollte ihm nicht gelingen, und er warf den Spund weg. Der ganze Fußboden war jetzt voller Met, und damit man doch wenigstens in der Stube sein könne, zog der Fremde tiefe Furchen, in denen der Met fließen konnte. Er bildete Wege für den Met in den harten Felsengrund, so wie die Kinder im Frühling Wege für das Schneewasser in den Sand ziehen, und da und dort stampfte er mit dem Fuß tiefe Löcher, in denen sich die Flüssigkeit ansammeln konnte.

Das Riesenweib stand währenddessen ruhig da und sah zu, und hätte der Gast zu ihr aufgesehen, würde er entdeckt haben, dass sie der Arbeit mit Staunen und Entsetzen zusah. Als er aber endlich fertig war, sagte sie spöttisch: „Hab Dank, Handfest! Ich sehe, du tust, was du kannst. Mein Mann hilft mir sonst, den Spund wieder hineinzustecken, aber man kann ja nicht verlangen, dass alle so stark sind wie er. Wenn du nicht dazu imstande bist, meine ich, es wäre am besten, wenn du gleich deiner Wege gingest."

„Ich gehe nicht, ehe ich mein Anliegen vorgebracht habe", sagte der Fremde, aber er sah beschämt und niedergeschlagen aus.

„Dann setze dich auf die Bank da", sagte das Weib, „ich will den Kessel aufs Feuer setzen und dir eine Grütze kochen."

Das tat die Hausfrau. Als aber die Grütze fast fertig war, wandte sie sich nach dem Gast um. „Ich sehe eben, dass ich fast kein Mehl mehr habe, so dass ich die Grütze nicht dick genug bekommen kann. Glaubst du, dass du Kräfte genug hast, die Mühle zu drehen, die neben dir steht? Nur ein paarmal herum. Es ist Korn zwischen den Steinen. Aber du musst deine ganze Kraft dransetzen, denn die Mühle geht nicht leicht."

Der Gast ließ sich nicht lange bitten, sondern versuchte, die Handmühle zu drehen. Er fand nicht, dass sie besonders groß war, als er aber den Griff erfasste und den Stein rund herum drehen wollte, ging sie schwer, dass er sie nicht bewegen konnte. Er musste alle Kräfte anspannen und war doch nicht imstande, die Mühle mehr als einmal herumzudrehen.

Das Riesenweib sah ihm stumm und staunend zu, während er arbeitete. Als er aber die Mühle losließ, sagte sie: „Ich bin ja freilich an bessere Hilfe von meinem Manne gewöhnt, wenn die Mühle schwer geht. Aber niemand kann von dir verlangen, dass du mehr tust als wozu deine Kräfte ausreichen. Kannst du jetzt aber nicht einsehen, dass es am besten für dich wäre, wenn du es vermiedest mit dem zusammenzutreffen, der so viel, wie er will, auf dieser Mühle mahlen kann?“

„Ich glaube, dass ich trotzdem auf ihn warten will“, sagte Handfest ganz still und sanftmütig.

„Ja, dann setze dich ruhig auf die Bank da, während ich dir ein gutes Bett bereite“, sagte das Riesenweib, „denn du wirst wohl die Nacht hier bleiben müssen.“

Sie richtete ein Bett mit vielen Kissen und Pfählen her und wünschte dem Gast gute Nacht. „Ich fürchte, du wirst das Bett ziemlich hart finden“, sagte sie, „aber mein Gatte liegt jede Nacht auf einem solchen Lager.“

Als sich Handfest nun in dem Bett ausstrecken wollte, spürte er so viele Unebenheiten und Vertiefungen unter sich, dass an Schlaf nicht zu denken war; er drehte und wendete sich, konnte aber keine Ruhe finden. Schließlich warf er alle Kissen aus dem Bett, einen Pfühl hierhin und ein Federbett dahin, und dann schlief er ruhig bis zum Morgen.

Als die Sonne aber durch das Dach der Hütte schien, stand er auf und verließ das Haus der Riesen. Er ging über den Hofplatz und durch die Pforte, die er hinter sich schloss. Im selben Augenblick stand das Riesenweib neben ihm: „Ich sehe, du hast die Absicht von dannen zu gehen, Handfest", sagte sie. „Das ist auch sicher das klügste, was du tun kannst."

„Wenn dein Mann in einem solchen Bett schlafen kann, wie du es mir für diese Nacht bereitet hast", entgegnete Handfest mürrisch, „so liegt mir nichts daran, mit ihm zusammenzutreffen. Er muss ein Mann von Eisen sein, den niemand zu überwinden vermag."

Das Riesenweib stand an die Pforte gelehnt da. „Jetzt, wo du von meinem Hof herunter bist, Handfest", sagte sie, „will ich dir doch sagen, dass deine Reise zu uns Riesen hinauf nicht so ganz unehrenvoll gewesen ist, wie du selbst zu glauben scheinst. Es war nicht zu verwundern, dass du den Weg durch unsere Stube lang fandest, denn du musstest über die ganze Hochebene, die Jämtland genannt wird, gehen. Auch war es nicht zu verwundern, dass es dir schwer wurde, den Spund in die Tonne zu stecken, denn all das Wasser, das aus den Schneebergen herabgebraust kommt, strömte dir entgegen. Und als du das Wasser über unsern Estrich hinleitetest, schufst du Furchen und Vertiefungen, die jetzt zu Flüssen und Seen geworden sind. Es war auch kein geringer Beweis von deiner Kraft, den du liefertest, als du die Mühle einmal herumdrehtest, denn zwischen den Steinen lag nicht Korn, sondern Kalkstein und Schiefer und mit der einen Drehung mahltest du so viel, dass die ganze Hochebene mit guter, fruchtbarer Erde bedeckt ist. Dass du nicht in dem Bett liegen konntest, das ich dir bereitet hatte, verwundert mich ebenfalls nicht, denn ich hatte dich auf große, eckige Berggipfel gebettet. Die hast du nun über das halbe Land hingeschleudert, und es mag wohl

sein, dass dir die Menschen dafür nicht so dankbar sind wie für das andere, was du getan hast. Ich sage dir nun Lebewohl, und ich verspreche dir, dass mein Mann und ich von hier fortgehen werden, an einen Ort, wo du uns nicht so leicht besuchen kannst.“

Der Wandersmann hörte dies alles mit wachsendem Zorn an, und als das Riesenweib geendet hatte, griff er nach einem Hammer, den er im Gürtel trug. Ehe er ihn aber noch erhoben hatte, war das Weib verschwunden, und wo das Haus der Riesen gelegen hatte, sah man nichts als die graue Felsenwand. Zurückgeblieben aber waren die mächtigen Flüsse und Seen, denen er Platz auf der Hochebene geschaffen, sowie die fruchtbare Erde, die er gemahlen hatte. Zurückgeblieben waren auch die herrlichen Berge, die Sämtland seine Schönheit verleihen, und die allen, die sie besuchen, Kraft, Gesundheit, Freude, Mut und Lebenslust schenken. So glaube ich denn, dass von allen Taten Asa-Thors keine rühmenswerter ist als die, welche er in jener Nacht vollbrachte, als er Felsenmassen hinausschleuderte von den Frostvigbergen im Norden bis zu dem Helagsberg im Süden, von den Oviksbergen jenseits des Storsös bis zu den Sylarn an der Reichsgrenze.

Quellenverzeichnis

Johanna Schopenhauer, *Auszug aus:* Jugendleben und Wanderbilder, 1839

Malwida von Meysenbug, Herumziehendes Leben, *Auszug aus:* Memoiren einer Idealistin, Erster Band, 1869

Else Ury, Unter falscher Flagge, *Auszug aus:* Lillis Weg, 1925

Anny Wothe, *Auszug aus:* Durch graue Gassen, 1915

Carmen Sylva, Freude, *Auszug aus:* Geflüsterte Worte, 1903–1920

Madame de Staël, Enthusiasmus, *Auszug aus:* Über Deutschland, 1813

Sophie von La Roche, *Auszug aus:* Geschichte des Fräuleins von Sternheim, 1771

Marie von Ebner-Eschenbach, *Auszug aus:* Die Sünderin, 1915

Rosa Luxemburg, *Auszug aus:* Briefe aus dem Gefängnis, 1917

Maria Leitner, Automat unter Automaten, *Auszug aus:* Eine Frau reist durch die Welt, 1932

Ingeborg Bachmann, *Auszug aus:* Die Wahrheit ist dem Menschen zumutbar, aus: Ingeborg Bachmann, Werke, Bd. 4. Essays © 1978 Piper Verlag GmbH, München

Milena Jesenská, Meine Freundin, aus: Milena Jesenská, Alles ist Leben. © Verlag Neue Kritik, Frankfurt am Main

Grazia Deledda, *Auszug aus:* Das Geheimnis, 1932

George Sand, Lavinia, *Auszug aus:* Lavinia – Pauline – Kora, 1893

Fanny Lewald, *Auszug aus:* Diogena, 1847

Annemarie Schwarzenbach, *Auszug aus:* Lyrische Novelle, 1933

Helene Lange, Die Konkurrenz der Geschlechter, *Auszug aus:* Die Frauenbewegung in ihren gegenwärtigen Problemen, 1924

Ellen Key, Die Mütterlichkeit der Gesellschaft, *Auszug aus:* Über Liebe und Ehe, 1914

Edith Linvers, Ich werde …, © bei der Autorin

Ingrid Bachér, *Auszug aus:* Sieh da, das Alter, © Dittrich Verlag 2003, in der Velbrück GmbH, Weilerswist-Metternich © 2016

Gabriele Reuter, Five o'clock, *Auszug aus:* Frauenseelen, 1901

Virginia Woolf, Lappin und Lappinova. Deutsch von Claudia Wenner. In: Virginia Woolf, Das Mal an der Wand. Gesammelte Werke. Prosa 1. Herausgegeben von Klaus Reichert. © S. Fischer Verlag GmbH, Frankfurt am Main 1989

Charlotte Brontë, *Auszug aus:* Jane Eyre, 1847

Else Lasker-Schüler, Die kreisende Weltfabrik, 1922

Marie Luise Kaschnitz, Sommergarten, © Dr. Dieter Schnebel

Sarah Kirsch, Schwarzer Vogel, aus: Sarah Kirsch, Irrstern, ©1986 Deutsche Verlags-Anstalt, München, in der Verlagsgruppe Random House GmbH

Selma Lagerlöf, Die Sage von Jämtland, *Auszug aus:* Die wunderbare Reise des kleinen Nils Holgersson mit den Wildgänsen, 1906–1907

Wir danken den Autoren und Verlagen für die freundliche Abdruckgenehmigung. Sollte es dem Verlag trotz intensiver Bemühung in Einzelfällen nicht gelungen sein, die Rechteinhaber zu ermitteln, bleiben berechtigte Ansprüche erhalten.